Mouhanad Khorchide

Ein Muslim auf dem Jakobsweg

Mouhanad Khorchide

Ein Muslim auf dem Jakobsweg

Pilgererfahrungen der anderen Art

© Verlag Herder GmbH, Hermann-Herder-Straße 4,
79104 Freiburg i. Br. 2024
produktsicherheit@herder.de
Alle Rechte vorbehalten
www.herder.de

Satz: Carsten Klein, Torgau
Herstellung: GGP Media GmbH, Pößneck

Printed in Germany

ISBN Print 978-3-451-39721-9
ISBN E-Book (EPUB) 978-3-451-83236-9

Inhalt

Wozu Wanderschuhe? 7

Die unerträglich laute Stille 21

Der Mensch, das Du und das Ich 41

Die Kraft der Dankbarkeit 69

Aus der Perspektive eines Baumes 87

Die Suche nach der großen Erzählung 99

Selbsterkenntnis oder der lange Weg, sich selbst zu lieben .. 121

Die Spiritualität des Wanderns 139

Mekka oder der Jakobsweg? 151

Reisen nach innen – Reisen zu Gott 163

Am letzten Tag 167

Auch das Scheitern gehört dazu 171

Dank 175

Wozu Wanderschuhe?

Ich bin in Saudi-Arabien aufgewachsen und habe meine Eltern, die dort bis vor einigen Jahren lebten, oft besucht. Der Zugang zur Pilgerfahrt nach Mekka war daher für mich sehr leicht. Ich war mehrmals vor Ort, zu verschiedenen Zeiten und unterschiedlichen Anlässen. Und so konnte ich viele Erfahrungen und Eindrücke vom Pilgern im Islam sammeln. Pilgern im Christentum hingegen war für mich als Muslim eine fremde Welt, von der ich hier in Deutschland auch aus den Medien nur sehr wenig mitbekam. Im vergangenen Jahr hat sich das allerdings geändert.

Kurz vor den Pfingstferien erzählte mir eine Bekannte, dass sie vorhabe, zur Kathedrale in Santiago de Compostela zu pilgern. Dort befinde sich das Grab des heiligen Jakobus, eines der wichtigsten christlichen Pilgerziele. Das brachte mich auf eine Idee: Warum nicht mal etwas ganz anderes ausprobieren? Als Muslim an einer christlichen Wallfahrt teilzunehmen, wäre sicherlich ein spannendes Erlebnis. Da ich mich überarbeitet fühlte, könnte mich diese neue Erfahrung, die sicher auch eine große Herausforderung wäre, aus dem Alltagsstress herausholen und mir guttun. Die Pfingstwoche war vorlesungsfrei. Für mich als Dozent an der Universität bedeutete das eine fast terminfreie Woche. Und viele Mitarbeiterinnen und Mitarbeiter waren ohnehin im Urlaub, ich konnte also eine ganze Woche abwesend sein, ohne dass die Arbeit darunter leiden würde.

Und so entschied ich mich, nach Santiago de Compostela zu pilgern. Allerdings hatte ich absolut keine Ahnung, wie eine christliche Pilgerfahrt abläuft. Ich wusste nicht einmal, wo Santiago de Compostela überhaupt liegt. Schnell gegoogelt: Es ist die Hauptstadt der Autonomen Gemeinschaft Galicien und hat rund 96 000 Einwohner. Aha, es geht also nach Spanien. Ich buchte einen Flug dorthin, und zwar über Madrid, was etwa 600 Kilometer von meinem Ziel entfernt liegt – und für eine Woche später einen Rückflug. Ich war so naiv und ahnungslos, was die christliche Pilgerfahrt betraf, dass ich alles, was ich über die islamische Pilgerfahrt nach Mekka wusste, einfach auf mein neues Vorhaben projizierte.

Muslimische Pilger fliegen nach Jeddah, einer Stadt im Westen Saudi-Arabiens, und fahren anschließend mit dem Bus in etwa einer Stunde zum etwa neunzig Kilometer entfernten Mekka. In Mekka vollzieht man dann die Rituale der Pilgerfahrt. Diese beginnen mit der siebenmaligen Umrundung der Kaaba, dem schwarzen Würfel, der nach islamischer Überlieferung durch den Propheten Abraham und seinen Sohn Ismail erbaut worden ist.

Ähnliches erwartete ich auch bei der christlichen Pilgerfahrt. Ich würde in der Stadt Santiago de Compostela ankommen und dann zu der Kathedrale gehen, um dort bestimmte Pilgerrituale zu vollziehen – dachte ich zumindest. Ich hatte keine Zeit, mich vorher genauer zu informieren, wusste nicht, welche Rituale mich erwarten würden. Aber egal: »Ich werde mich einfach vor Ort informieren und mich irgendeiner Gruppe anschließen – genauso, wie es viele Pilger in Mekka machen«, sagte ich mir ganz optimistisch. Ich stellte mir vor, man würde zum Beispiel das Grab des heiligen Jakobus ein paarmal umrunden und bestimmte Gebete sprechen. Sollten sich Gebete um die Dreifaltigkeit drehen, würde ich sie für mich als Muslim einfach anders deuten, zum Beispiel im Sinne der unterschiedlichen Seiten von Gott.

Wozu Wanderschuhe?

Ja, Gott ist zwar nur einer, aber er überrascht uns Menschen mit seinen unterschiedlichen Facetten. Immerhin wird er im Koran als der Erste und dennoch Letzte, der Sichtbarste und dennoch Verborgenste beschrieben. Er ist transzendent, aber uns Menschen näher als die Halsschlagader (Koran 50:16). Trinität ist für mich daher nichts anderes als der symbolische Ausdruck dieser Vielfalt Gottes, sie steht aber auch für sein ewiges Interesse an uns Menschen, an der Beziehung zu uns, denn Vielfalt in Gott bedeutet, dass Gott so etwas wie eine innere Beziehung in sich selbst besitzt. Gott ist, wenn man das so sagen kann, ein Beziehungswesen.

Ich fand auch den christlichen Gedanken sehr interessant, wonach Gott als Mensch in unsere menschliche Welt gekommen ist und sich, indem er Mensch geworden ist, auf uns Menschen eingelassen hat. Wie ein mächtiger König, der aus freien Stücken entscheidet, auf seinen Thron zu verzichten, um als »normaler« Mensch eine Beziehung mit anderen einzugehen. Was für ein bescheidener Gott! Er demonstriert nicht Macht und Kontrolle, sondern Beziehungswillen zu uns Menschen und somit Liebe. Also sah ich absolut keinen Grund, warum ich ein christliches Gebet nicht mitsprechen sollte. Ich kann sogar das Vaterunser genauso gut wiedergeben wie die al-Fatiha, jene Sure, die wir Muslime in jeder Gebetseinheit wiederholen und die fast jeder Muslim auswendig kann.

Etwa eine Woche vor meiner Abreise rief mich meine Mutter aufgeregt an. Sie beklagte, dass ihr die goldfarbene Wolle zum Häkeln ausgegangen sei und sie nun die Tischdecke doch zweifarbig häkeln müsse: »Ob die versprochene Decke deiner Schwester trotzdem gefallen wird?«, wollte sie von mir wissen. Keine geeignete Wolle mehr zu haben, glich für sie einer Katastrophe.

»Mach dir keine Sorgen, Mama, die Tischdecke wird Maya auch zweifarbig sehr gut gefallen.«

»Das sagst du nur, um mich zu beruhigen, das finde ich nicht nett von dir.«

Mit viel Mut unterbrach ich ihren beginnenden Monolog zum Thema Häkeln beim Weltuntergang: »Mama, ich werde nächste Woche pilgern fahren.«

»Was ist los mit dir? Die Hadschzeit ist doch erst im Juli. Das ist erst in zwei Monaten.«

»Ich werde zum heiligen Jakobus pilgern.«

Meine Mutter erwiderte mit erschrockener Stimme: »Herr, vergib uns! Was für ein heiliger Jakobus? Das ist etwas Christliches, oder? Bist du jetzt zum Christentum konvertiert?! O Herr, ich bitte um deine Gnade! Bitte erzähl das deinem herzkranken Vater nicht, das würde ihn umbringen. Und mich bringst du auch gleich um.«

»Nein, Mama! Ich bin nicht zum Christentum konvertiert.«

Ich nuschelte leise, damit meine Mutter meinen frechen Kommentar nicht hörte: »Außerdem, selbst wenn, wo ist das Problem?«

Mit lauter Stimme fuhr ich fort: »Ich will als Muslim eine christliche Pilgerfahrt erleben.«

»Also bist du noch Muslim?«

»Ja, Mama, ich bin noch Muslim.«

»Gott sei Dank! Und du kommst auch als Muslim zurück! Bitte versprich mir das!«

»Ja, ja, ich werde mir Mühe geben.«

»Du weißt, Jesus ist ein Prophet und kein Gott!«

»Ja, Mama, Jesus ist nicht Gott.«

»Außerdem wurde er nicht gekreuzigt.«

»Okay, von mir aus, dann wurde er eben nicht gekreuzigt.«

»Mouhanad, ich meine das ernst, der Mann wurde wirklich nicht gekreuzigt!«

Wieder nuschelte ich leise: »Du warst nicht dabei, Mama, keiner von uns war dabei, woher willst du wissen, was wirklich Sache ist?!«

»Und Mouhanad! Noch etwas …«

Ich unterbrach an dieser Stelle das Telefonat, bevor ich durchdrehte: »Mama, wir hören uns, wenn ich zurück bin. Salam.«

»Salam, aber versprich mir …«

»Ja, Mama, ich bleibe ein Muslim.«

»Aber …«

Nichts aber. Ich habe nicht mehr gehört, was meine Mutter sagte. Irgendwie können meine Eltern es nicht richtig begreifen, dass ihr Sohn seit fast fünfzehn Jahren Professor der islamischen Theologie ist und sich seit dreißig Jahren intensiv mit dem Islam auseinandersetzt, weshalb er wohl doch ein bisschen Ahnung von dem Ganzen hat. Nein, Professor Khorchide ist und bleibt für immer der junge unbeholfene Mouhanad. Mein Vater denkt bis heute, dass meine Arbeit nur darin bestehe, Menschen zum Islam zu konvertieren. Jedes Mal heißt es am Telefon: »Bitte schau, dass du den Menschen erzählst, wie wunderbar der Islam ist, und dass er die einzig richtige Religion ist. Sie sollen den Islam annehmen, sonst werden sie in der ewigen Hölle landen. Und solltest du Fragen haben oder Hilfe benötigen, dann melde dich bei mir.« Das sagt ausgerechnet mein Vater, der kaum ein Buch über den Islam und auch den Koran nicht komplett gelesen hat.

Als vor etwa fünf Jahren mein gemeinsames Buch mit dem katholischen Theologen Klaus von Stosch zum Thema Jesus im Koran erschienen war, verstrickte ich mich unglücklicherweise in eine unangenehme Diskussion mit meinem Vater. Für ihn war klar: »Der Koran kritisiert ganz eindeutig und ohne Wenn und Aber den Glauben der Christen.«

»Aber Papa, so pauschal kann man das nicht sagen. Den Christen wird im Koran sogar die ewige Glückseligkeit versprochen. Was der Koran kritisiert, sind meist Dinge, die die Christen selbst kritisieren würden, zum Beispiel ein Drei-Gott-Glaube. Oder dass Jesus der biologische Sohn Gottes sei. Diese koranische Kritik hat nichts mit dem christlichen Glauben zu tun.«

»Doch, doch, Christen glauben an drei Götter, sie sind Polytheisten, das sagt der Koran und kritisiert es zugleich. Ja, und der Koran sagt, dass Gott keine Frau hat, wie kann er dann ein Kind gezeugt haben?«

»Siehst du, der Koran spricht von einem biologischen Zeugungsakt. Das entspricht doch nicht dem christlichen Glauben.«

»Doch, doch, der Koran irrt sich nicht, du hast nur keine Ahnung vom Christentum, Mouhanad.«

»Der Koran spricht offensichtlich von irgendwelchen christlichen Sekten oder von Fehlentwicklungen bei einigen christlichen Gruppierungen. Aber er macht sicher keine allgemeinen Aussagen über das Christentum und betreibt schon gar keine Pauschalkritik. Ich kenne keinen Christen, der an drei Götter glaubt. Schau mal, Vater, ich gebe dir ein anderes Beispiel: In Sure 9 Vers 30 heißt es, dass die Juden Gott einen Sohn namens Esra zugeschrieben haben. Aber es gibt keine Juden, die an so etwas glauben. Das, was der Koran hier kritisiert, sind bestimmt auch nur kleine Gruppen von Menschen, die sich selbst dem Judentum zuschreiben, aber an etwas geglaubt haben, das mit dem Judentum nicht vereinbar ist.«

»Mouhanad! Du willst jetzt nicht sagen, dass sich der Koran irrt, oder? Wenn es im Koran so steht, dann wird es so sein. Wenn dort stehen sollte, dass die Juden daran glauben, dass sie Esra zum Sohn Gottes genommen haben, dann werden sie dies auch so getan haben und tun!«

Spätestens an solchen Stellen schaltet sich zum Glück meine Mutter in die Gespräche ein, um durch irgendetwas, zuweilen auch Absurdes, abzulenken und eine Eskalation zu verhindern.

»Stimmt es eigentlich, dass Qaddafi doch noch lebt?«

Mein Vater, der immer politisch interessiert war, sprang aus dem Sessel: »Was?! Wo hast du das gehört? Gib mir schnell die Fernbedienung! Wann kommen die Nachrichten?«

Es dauerte danach Tage, bis mein Vater die Suche nach Qaddafis angeblichem Überleben aufgibt.

Wenn man diese Verhältnisse in unserer Familie kennt, kann man die Sorge meiner Mutter verstehen, dass mein Vater auch nur irgendetwas von meinem häretischen Pilgervorhaben erfährt. Schon sehr oft konnte ich beobachten, dass die Menschen im Orient in den Augen ihrer Eltern unmündige und unbeholfene Kinder bleiben, egal, wie alt sie sind. Es sind zementierte Hierarchien. Daher wird es, wenn es um die Demokratisierung dieser Länder geht, nicht viel bringen, die Spitze eines Regimes oder sogar das Regime selbst zu stürzen und es durch andere Akteure auszutauschen. Saddam Hussein, Mubarak, Qaddafi und viele andere wurden gestürzt, und auch der säkular ausgerichtete Schah Irans wurde 1979 durch die iranische Revolution verjagt. Doch die Alternativen, die dann an die Macht kamen, waren genauso problematisch, wenn nicht sogar problematischer. Denn die Strukturen der Unterdrückung sind längst in den untersten Ebenen dieser Gesellschaften verankert, bis in die Familien hinein. Es sind Strukturen, die den Menschen als selbstbestimmtes Individuum aus den Augen verloren haben. Althergebrachte Traditionen, Bräuche, bestimmte Vorstellungen von Geschlechterrollen und starre Hierarchien schreiben vor, was richtig und was falsch, was gut und was schlecht ist. Um eine Demokratisierung »von unten« etablieren zu können, muss es erst gelingen, diese

Strukturen aufzubrechen. Das ist kein Akt von wenigen Jahren, sondern ein Prozess, der Generationen andauern wird.

Aber ich schweife ab, zurück zu meinem ambitionierten Vorhaben ...

Am Wochenende vor der Abreise musste ich bei uns an der Universität Münster ein Seminar für Imame und Sozialarbeiterinnen und Sozialarbeiter abhalten, die im muslimischen Kontext beschäftigt sind und bereits im Berufsleben stehen. Eine Art Weiterbildungsmaßnahme. Im Verlauf des Studiengangs wurde deutlich, wie weit viele Imame in ihrem Denken und Sprechen über den Islam von der Lebenswirklichkeit der Menschen hier in Deutschland entfernt sind. Die Sozialarbeiterinnen und Sozialarbeiter waren hingegen stärker bemüht, diese zu berücksichtigen. Ging es zum Beispiel um sensible Fragen wie Homosexualität oder interreligiöse Heirat, wussten die Imame ganz selbstverständlich: »Wenn jemand zu mir kommt und meint, er sei homosexuell, dann sage ich ihm, dass dies im Islam verboten ist und er es deshalb sofort unterlassen muss, sonst droht ihm eine jenseitige göttliche Strafe. Und wenn eine muslimische Frau mich fragt, ob sie einen Nichtmuslim heiraten darf, dann mache ich ihr unmissverständlich klar, dass dies nicht geht. Der Islam verbietet muslimischen Frauen, nichtmuslimische Männer zu heiraten. Und so ist das Problem aus der Welt.« Die Sozialarbeiterinnen und Sozialarbeiter hingegen protestierten bei solchen Antworten: »So einfach ist das nicht, Herr Imam. Es ist doch niemandem geholfen, wenn man ihm sagt, was in der Religion angeblich erlaubt ist und was nicht. Ein homosexueller Mensch wird nicht aufhören, homosexuell zu sein, nur weil er zu hören bekommt, dies sei verboten. Wir müssen die Menschen würdigen, so wie sie sind, wir müssen sie ernst nehmen und ihnen dabei helfen, Wege zu finden, wie sie zum Beispiel mit ihrer Homosexualität Anerkennung und Respekt in den eigenen Familien und in der Gesellschaft finden.«

So entwickelten sich jedes Mal spannende Diskussionen zwischen beiden Lagern. Am Ende waren die Imame stärker für die Wünsche und Neigungen der Menschen sensibilisiert, die Sozialarbeiterinnen und Sozialarbeiter hingegen konnten die religiösen Anliegen der Imame besser verstehen. Diese Erfahrungen führten mich zu dem Schluss, dass Religion in der Ausbildung zur Sozialarbeit einen viel größeren Stellenwert bekommen sollte. Und die Sozialarbeit müsste sich neu definieren, indem sie sich auch als Impulsgeberin für eine kritische Auseinandersetzung mit religiösen Fragen versteht. Dies teilen aber nicht alle, die in der Sozialarbeit tätig sind. Gerade Sozialarbeiter und Sozialarbeiterinnen, die mit weniger religiösen Menschen zu tun haben, können nicht nachvollziehen, wieso wir von Religion als Ressource in der Sozialarbeit reden und wieso sie sich überhaupt mit Religion auseinandersetzen müssen.

Schon wieder, der Orientale in mir schweift immer wieder ab von der eigentlichen Erzählung, weshalb ich mich jetzt disziplinieren und wieder auf meine Pilgererfahrungen konzentrieren werde.

Das Wochenendseminar begann am Samstagmorgen und endete am Montag, dem Tag meiner Abreise, um zwölf Uhr. Um 16 Uhr sollte mein Flieger in Düsseldorf starten. Ich hatte also kaum Zeit, um mich auf die Reise vorzubereiten, und so überließ ich alles dem Schicksal. Lediglich am Freitagnachmittag hatte ich in die Google-Suche eingegeben: »Vorbereitung auf Pilgern nach Santiago de Compostela.« Ich hoffte auf den einen oder anderen Tipp, um nicht komplett ins kalte Wasser springen zu müssen. Als Ergebnis erhielt ich zunächst sehr viele Reiseanbieter, die günstige Hotels für Pilger organisieren. Mein Hotel hatte ich aber bereits gebucht.«»Vergessen Sie nicht, gute Wanderschuhe mitzunehmen«, lautete eine Empfehlung. »Wanderschuhe? Wozu?«, fragte ich mich. Aber gut. Am Samstag besorgte ich mir während der Mittagspause in einem Sportgeschäft in der Münsteraner Innenstadt die Schuhe.»Vielleicht muss man das Grab des heiligen Jakobus ähnlich wie die Kaaba in Mekka in großem Abstand mehrfach umrunden, deshalb die Wanderschuhe«, grübelte ich in völliger Naivität. Um sie einzulaufen, erschien ich am Sonntag und Montag mit meinen Wanderschuhen zu besagtem Kurs. Eine Teilnehmerin sprach mich in der Pause darauf an:

»Gehen Sie nachher noch wandern, Herr Khorchide?«

»Wie kommen Sie darauf?«

»Weil Sie Wanderschuhe tragen«, sagte sie lachend.

»Ach so, woran haben Sie das denn erkannt?«

»An den dicken Sohlen, die sind typisch für Wanderschuhe, weil sie die Schritte gut dämpfen.«

In dem Moment wurde ich sehr verlegen. Nicht nur, weil ich offensichtlich keine Ahnung von Wanderschuhen oder überhaupt von Schuhen hatte. Ich besitze lediglich zwei Paar derselben Marke und Farbe, die ich abwechselnd trage und traditionell jedes Jahr neu kaufe – und das, seitdem ich in Münster lebe, also seit dreizehn Jahren. So muss ich mir nie Gedanken über Schuhe machen. Übrigens gehe ich mit fast allen Dingen des alltäglichen Lebens so um: einfach die gleichen Hosen, Hemden und Jacken und dieselben Essensrituale. Vielleicht war ich auch deshalb so verlegen, weil ich nicht ausgerechnet vor einer Gruppe von Imamen und muslimischen Sozialarbeiterinnen und Sozialarbeitern erzählen wollte, dass ich vorhatte, eine christliche Pilgerfahrt zu machen. Schnell erfand ich eine Begründung, die die Bedeutung meines Vorhabens ein wenig relativieren und mich vor ideologischer Kritik bewahren sollte:

Wozu Wanderschuhe?

»Ja, ich möchte die Möglichkeiten eines interreligiösen Pilgerns untersuchen und schaue mir dafür eine christliche Pilgerfahrt genauer an. Ich pilgere also nicht wirklich, sondern sehe mich vielmehr in der Rolle des Beobachters.«

Warum war ich verlegen? Weil ich meinte, mich als Muslim für eine christliche Pilgerfahrt rechtfertigen zu müssen. Ich wusste selbst nicht mehr genau, was mich zu dieser kurzfristigen Entscheidung bewogen hatte. Vielleicht war es einfach meine Neugierde, vielleicht aber auch ein innerer Drang, dem Alltagsstress zu entfliehen. Oder war es eine verborgene Sehnsucht nach einer intensiven Erfahrung der anderen Art? Ich kann es nicht sagen.

Gegen 21 Uhr kam ich in Santiago de Compostela an. Da war ich nun und wollte direkt in die Kathedrale gehen. Der Haupteingang war verschlossen. Aber ich sah viele Menschen, die sich auf dem großen Platz vor der Kathedrale versammelt hatten. Einige fotografierten, andere unterhielten sich, und viele lagen einfach nur erschöpft am Boden. Man hörte sehr viele Sprachen, und ich spürte: Hier sind Menschen aus aller Welt. Es glich ein wenig den Bildern, die ich auch aus Mekka kannte. Nur ist dort die Heilige Moschee 24 Stunden am Tag geöffnet, und man sieht zu jeder Tages- und Nachtzeit Menschen, die beten oder die Kaaba umrunden. Hier auf dem Platz vor der Kathedrale betete niemand. Man hatte eher den Eindruck, als handele es sich um Touristen, die vor der Kathedrale entspannt den Abend genießen wollten. Ich dachte mir nichts dabei und spazierte in die Menge, in der Hoffnung, ich würde jemanden Deutsch, Englisch oder Arabisch sprechen hören, um mich über die Details der Pilgerfahrt zu informieren. Eine Gruppe junger Leute, die sich auf Deutsch unterhielten, stand plötzlich neben mir.

»Entschuldigt bitte, ich bin eben erst angekommen und habe gehofft, in die Kathedrale gehen zu können. Wisst ihr, ab wann sie morgen wieder geöffnet ist?«

»Zuerst gratulieren wir dir. Du siehst gar nicht so erschöpft aus wie wir. Wir sind gestern angekommen.«

Merkwürdig. Wieso sollte ich von einem Flug von Düsseldorf über Madrid nach Santiago de Compostela erschöpft sein?

»Mein Flug war ganz angenehm, ich bin von Düsseldorf mit einem Zwischenstopp in Madrid hierhergeflogen. Eure Anreise scheint länger gedauert zu haben, woher seid ihr?«

»Ach so, du bist gar kein Pilger, du bist als Tourist hier. Wir sind Pilger und vor neun Tagen von Sarria gestartet und, wie gesagt, erst gestern hier angekommen. Morgen fliegen wir dann zurück.«

Ich verstand gar nichts. Wieso waren sie in Sarria gestartet und flogen gleich am nächsten Tag wieder zurück? Ich fragte erstaunt: »Ihr pilgert also nur heute in Santiago de Compostela, und morgen geht es schon zurück nach Deutschland?!« Sie schauten sich irritiert an, als würden sie sich fragen: »Was ist denn mit dem los?!«

Eine junge Frau aus der Gruppe setzte noch einmal an: »Wir sind schon den Pilgerweg von Sarria aus gegangen, also sind wir fertig mit dem Pilgern. Wir waren zehn Tage unterwegs, voll anstrengend.«

Langsam begann ich zu verstehen: »Bitte entschuldigt meine blöden Fragen. Ich dachte wirklich, man pilgert hier in Santiago de Compostela, ähnlich wie bei Muslimen in Mekka, wo man pilgert, indem man bestimmte Rituale vollzieht.«

Spätestens jetzt hatte die Gruppe verstanden, dass sie es mit einem ahnungslosen Möchtegernpilger zu tun hatten: »Wie heißt du?«

»Mouhanad. Ich bin Muslim und wollte mal eine christliche Pilgerreise machen. Dafür bin ich heute hier angekommen.«

»Schau mal, Mouhanad«, sagte die nette junge Frau geduldig. »Santiago de Compostela oder, besser gesagt, das Grab des Apostels Jakobus in der Kathedrale ist das Ziel eines langen Pilgerwegs. Dieser beginnt eigentlich in Frankreich in den Pyrenäen und ist etwa 800 Kilometer lang. Dafür würde man um die vierzig Tage benötigen. Wenn man als Pilger gelten will, der den Jakobsweg gegangen ist, muss man mindestens die letzten hundert Kilometer auf dem Jakobsweg gegangen sein. Man erhält dann sogar eine offizielle Urkunde. Darum starten viele – wie wir – in Sarria.«

Erst jetzt begann ich zu verstehen. Mir wurde klar, warum immer wieder von einem Pilgerweg beziehungsweise vom Wandern nach Santiago de Compostela die Rede war. Anders als bei der Pilgerfahrt nach Mekka stehen nicht die Kathedrale, nicht das Grab des Apostels, nicht irgendwelche Rituale im Mittelpunkt, sondern der Weg selbst ist das Ziel. Jeder Mensch gestaltet dabei seine eigene, ganz individuelle Art, den Weg zu bestreiten. Und endlich begriff ich, was es mit den Wanderschuhen auf sich hatte. Meine Neugier war aufs Neue geweckt.

Ich stornierte die für die nächsten Tage gebuchten Übernachtungen in Santiago de Compostela und beschloss, den Pilgerweg zu gehen, allerdings in umgekehrter Richtung. Statt von Sarria nach Santiago de Compostela zu pilgern, wollte ich von Santiago de Compostela nach Sarria wandern. Keine schlechte Entscheidung, denn wie ich feststellen sollte, konnte ich gerade durch diese umgekehrte Pilgerrichtung sehr viele Pilger treffen, die mir entgegenkamen, und mit einigen von ihnen kam ich ins Gespräch. Jede Person, mit der ich sprach, hatte eine eigene Geschichte und ein eigenes Motiv für ihren Weg nach Santiago de

Compostela. Anders als bei der mir vertrauten Pilgerfahrt nach Mekka, in der ich mir immer Sorgen machte, alle Bewegungen und alle Rituale richtig zu absolvieren, geht es hier um eine individuelle Reise nach innen. Ich hatte sogar den Eindruck, dass das Grab des Apostels für kaum jemanden wirklich von Interesse war. Es ging den Menschen viel mehr um die Reise zu sich selbst.

Die unerträglich laute Stille

Los ging es! Am ersten Tag meiner Pilgerreise stand ich, bestens motiviert und sportlich angezogen, schon um sieben Uhr am Startpunkt. Meine fünftägige Tour konnte beginnen. Am Vortag hatte ich sogar ein T-Shirt mit dem Schriftzug »Der Weg ist das Ziel« gefunden – und natürlich sofort gekauft. Zu diesem Zeitpunkt hatte ich mir noch keine Gedanken über diesen Slogan gemacht, Hauptsache, ich trug ein Pilgershirt unter der Jacke. Jetzt hing der schwere Rucksack auf dem Rücken, und auch die Wanderschuhe saßen perfekt. Sie sahen gar nicht schlecht aus, und ich genoss die zusätzlichen fünf Zentimeter Größe. Ich steckte meinen Notizblock und einen Stift in die Seitentasche des Rucksacks und machte mich auf den Weg. In den Pausen, so war mein Plan, würde ich meine Begegnungen und Gedanken notieren.

Um den Weg zu finden, folgte ich dem Ratschlag des netten Mannes von der Hotelrezeption: »Sie werden auf dem Boden in kurzen Abständen eingravierte beziehungsweise gemalte blaugelbe Muscheln sehen. Man nennt diese Muscheln die Jakobsmuscheln. In ganz Europa dienen sie als Wegweiser. Die gelbe Muschel, meist auf blauem Grund, weist den Jakobspilgern den Weg und lässt außerdem erkennen, durch welche Städte und Ortschaften der Jakobsweg führt.«

Meine Neugier war geweckt: »Und warum ausgerechnet eine Muschel?«

»Als die Leiche des Jakobus auf dem Seeweg nach Spanien überführt wurde, ritt ein junger Ritter dem Schiff entgegen. Das Pferd scheute beim Anblick des heiligen Leichnams, und der Ritter versank im Meer. Jakobus, so wird erzählt, rettete den Mann auf wundersame Weise. Und als der Ritter wieder auftauchte, war er übersät von Muscheln. Seitdem gilt die Muschel als Schutzsymbol und Erkennungszeichen der Pilger. Es ist die Jakobsmuschel.«

Das ist sicherlich eine von vielen Legenden, dachte ich mir. Und bei uns Muslimen ist es nicht anders. Man sieht die Pilger in Mekka, wie sie versuchen, den kleinen schwarzen Stein zu berühren, um dadurch Segen zu erlangen. Dieser schwarze Stein ist mit Silber umhüllt und in der südöstlichen Ecke der Kaaba platziert. Die Kaaba selbst ist der große schwarze Würfel, den man als Pilger siebenmal umrundet. Erbaut wurde sie laut dem Koran vom Propheten Abraham und von dessen Sohn Ismail. Und bereits zu vorislamischer Zeit pilgerten die Menschen nach Mekka und umrundeten dabei die Kaaba siebenmal gegen den Uhrzeigersinn. Allerdings beteten sie damals nicht nur den einen Gott im Himmel an, sondern auch weitere Figuren, die sie aus Steinen bauten und als Götter verehrten. Der Prophet Mohammed rief sie zum Monotheismus, sie sollten nur zu einem Gott im Himmel beten und zu ihm pilgern.

Der Legende nach ist der kleine schwarze Stein vom Paradies herabgefallen, weswegen viele Pilger vom Wunsch erfüllt sind, ihn zu berühren oder zu küssen. Allerdings kann bei mehreren hunderttausend Pilgern der Versuch, zum schwarzen Stein zu gelangen, lebensbedrohliche Ausmaße annehmen. Das musste ich, als ich im Jahre 1997 von Wien aus nach Mekka pilgerte, am eigenen Leibe erfahren, obwohl ich damals gar nicht vorhatte, den schwarzen Stein zu berühren. Allerdings kam ein Mitglied nach dem anderen meiner Pilgergruppe zu mir und erzählte stolz, wie er es zum schwarzen Stein geschafft hatte. Jeder begann seinen Bericht mit: »Dank Gottes Gnade wurde es mir ermöglicht, den schwarzen Stein zu berühren.« Das setzte mich unter Druck. Wobei man sich diesen Druck selbst macht: »Wenn es Gottes Gnade ist, die es ermöglicht, dann muss ich mir beweisen, dass auch ich von dieser Gnade erfasst bin. Gott wird es sicherlich auch mir erlauben und ermöglichen, den schwarzen Stein zu berühren.«

Obwohl ich damals mit 27 Jahren ein junger, starker Mann war, hatte ich bei meinem Versuch, zum schwarzen Stein zu gelangen, das Gefühl, von allen Seiten erdrückt zu werden und keine Luft mehr zu bekommen. Schon bei der Vorbereitung auf die Pilgerfahrt warnte man uns: »Sollte dir beim Umrunden der Kaaba etwas auf den Boden fallen, deine Uhr oder dein Geld, dann komm bloß nicht auf die Idee, es aufzuheben. Der Strom Hunderttausender Pilger wird nicht für dich stehen bleiben, er geht weiter, und du bist in wenigen Sekunden unter den Füßen Zehntausender.« Und in der Tat merkt man beim Umrunden der Kaaba, wie die eigenen Füße manchmal den Boden nicht mehr berühren und man dennoch mit auf der sich bewegenden Menschenwelle schwebt.

Eine der bekanntesten Legenden, die man schon in der Grundschule hört, ist die Erzählung, dass zwei Engel dem Propheten Mohammed, als er fünf Jahre alt war, die Brust öffneten, sein Herz herausnahmen und es in einem Eimer Wasser wuschen, weshalb der Prophet ein reines Herz hatte. Schon damals ärgerte ich meinen Religionslehrer mit einer kritischen Rückfrage: »Wie kann aber der Prophet Mohammed für uns Muslime ein Vorbild sein, dem wir folgen sollen, wenn er auf diese wundersame Weise ein reines Herz bekommen hat, wir jedoch hart an uns arbeiten müssen, um unseren Charakter und unser Gewissen zu läutern?

Um ein Vorbild zu sein, hätte er ebenfalls hart an sich arbeiten müssen.« Mit solchen Fragen habe ich einige meiner Religionslehrer zur Verzweiflung getrieben: »Mouhanad, das ist eine Geschichte, die der Prophet selbst über sich erzählte. Hier gilt es, alles so zu akzeptieren, wie der Prophet es verkündet hat.«

Meist sagte ich darauf nichts mehr, wobei in meinem Kopf viele Fragen unbeantwortet blieben: »Wie wusste ein Fünfjähriger, dass es sich hier um Engel handelte, und wie hat er eine solche Aktion überlebt?! Und ist mit dem Läutern des Herzens überhaupt das physische Herz gemeint?« Heute weiß ich, dass vieles, was wir Muslime in den Geschichtsbüchern über den Propheten Mohammed lesen, erst viel später, nach seinem Tod, geschrieben wurde. Auch die Aussagen Mohammeds, die wir Hadithe nennen und die nach dem Koran als zweite Hauptquelle des Islams gelten, wurden ebenfalls erst viele Jahrzehnte nach seinem Tod gesammelt und systematisch niedergeschrieben. Der Wahrheitsgehalt dieses Materials ist schwer überprüfbar. Man muss heute vieles, was über den Propheten Mohammed gesagt wird und was er selbst gesagt haben soll, mit großer Vorsicht genießen.

Aber ich schweife schon wieder ab. Zurück zum Rezeptionisten, der mir weiter erklärte: »Bis zum 13. Jahrhundert kauften die Pilger am Ziel ihrer Reise in Santiago de Compostela eine Jakobsmuschel. Sie diente als Beweis dafür, dass man den Weg tatsächlich bewältigt hatte. Heute bekommen die Pilger eine offizielle Urkunde. Viele Pilger verwenden inzwischen sogar Navi-Apps auf dem Handy, um den Weg zu finden.«

Ich verzichtete auf eine solche App. Nicht, dass mein Akku mitten auf dem Weg den Geist aufgeben würde! Mein Handy war mein einziger Kontakt zur Außenwelt, daher musste ich schauen, dass mein Akku möglichst lange am Leben blieb. An eine Powerbank hatte ich leider nicht gedacht.

Die unerträglich laute Stille

Schon nach wenigen Metern auf dem Weg zur ersten Etappe, der Stadt Rua, die etwa 21 Kilometer entfernt war, wurde mir klar, dass die Muschel als eine Art Pfeil fungiert. Zeigt das Muschelende, also der dünnere Teil, nach links, setzt sich der Jakobsweg in der linken Richtung fort und umgekehrt. Da ich allerdings den umgekehrten Weg ging, war das Muschelende aus meiner Perspektive nach rechts gerichtet. Ich musste mich also stets in die Perspektive derer hineinversetzen, die die Muschel von der anderen Seite sehen. Gar nicht so einfach.

An manchen Kreuzungen mit vielen Abbiegemöglichkeiten war ich überfordert und musste warten, bis mir jemand entgegenkam, um zu sehen, woher die Person kam. Und genau das war dann für mich der richtige Weg.

Schon nach weniger als einer Stunde Fußmarsch war ich außerhalb der Stadt. Es herrschte eine ungewohnte Stille. Ich ging auf leeren Straßen oder zwischen Bäumen. Normalerweise hätte ich nebenbei ein Hörbuch oder Musik gehört, aber wie gesagt, ich wollte schauen, dass mein Akku durchhielt.

Mit der Stille musste ich erst einmal zurechtkommen. Das erste Lebewesen, das mir seit dem Start meines Pilgerwegs begegnete, war eine sichtlich unterernährte und hungrige Katze. Sie blieb direkt vor mir stehen und schaute verängstigt drein. »Wenn du wüsstest, wie viel Angst ich vor dir habe«, dachte ich. »Definitiv viel mehr als du vor mir.« Und ich wusste nur zu gut, woher meine Angst vor Katzen kam, die sich mittlerweile auf alle Tierarten ausgeweitet hatte. Ich war in Riad aufgewachsen, der Hauptstadt von Saudi-Arabien. Meine Mutter bestand fast jeden Abend darauf, dass ich den Müll hinausbrachte und in die Tonne am Ende der Straße warf. Gerade im Sommer kam es vor, dass die Abfälle zu schimmeln begannen und sich der fürchterliche Gestank in der Küche ausbreitete. So gut wie jeder, der schon einmal in einem orientalischen Land einen Müllsack in eine offene Mülltonne geworfen hat, weiß, dass in diesem Augenblick mindestens zwei oder drei Katzen schreiend aus der Tonne herausspringen. Für die meisten Katzen sind Mülltonnen eine Art Wohnzimmer. Und wenn man Pech hat, springt einem die Katze direkt ins Gesicht, das gibt wundervolle Kratzer. Meine Mutter ließ mich erst ins Bett, nachdem ich den Müll in die Tonne geschmissen hatte: Wie oft hatte ich es in meiner Kindheit mit durchgedrehten und verwirrten Katzen zu tun! Solche Erfahrungen – noch dazu kurz vor dem Schlafengehen – hinterlassen ihre Spuren. Aber meine Mutter war stolz auf ihre gut riechende und stets saubere Küche und konnte sich mit bestem Gewissen vor den Fernseher legen, bis mein Vater nachts von der Arbeit zurückkam.

Die Katze, die es sich mitten auf dem Pilgerweg bequem gemacht hatte, erwartete von mir offensichtlich etwas zu fressen. Vom Frühstück hatte ich noch ein Brötchen übrig, belegt mit etwas Rührei. Ich legte es etwa einen Meter von der Katze entfernt hin und huschte schnell weg, damit sie sich traute, das Brötchen zu nehmen, aber vor allem, damit sie keine Chance hatte, mir ins Gesicht zu springen. Ich sah ihr aus der Ferne zu, wie sie mein Frühstück futterte, und ging weiter. Mich beschäftigte wieder diese Stille.

Bei meiner Pilgerfahrt nach Mekka vor etwa fünf Jahren waren fast zwei Millionen Pilger gleichzeitig vor Ort. Von Stille konnte da keine Rede sein. Wäre ich jetzt dort, würde ich bestimmte Gebete, die man auswendig lernt, wiederholen. Aber nun sah ich mich damit konfrontiert, mich in dieser Stille zurechtzufinden. Keine Ablenkung, keine Menschen um mich herum, kein Fernsehen, kein Handy, keine sozialen Netzwerke – einfach nichts. Ich spürte plötzlich eine Art schwarzes geistiges Loch. Normalerweise ist immer irgendetwas los. Wenn ich abends zu Hause an meinem Schreibtisch sitze, dann kann es mir gar nicht langweilig werden. Allein der E-Mail-Eingangsordner ist mit Tausenden von ungelesenen und unbeantworteten Nachrichten überfüllt. Hinzu kommen unzählige längst überfällige Abgabetermine für Buchartikel, die ich in euphorischen und optimistischen Momenten zugesagt hatte. Meine Assistentin sagt mir immer wieder, und das zu Recht: »Man muss dich vor dir selbst schützen.« Ich musste ihr versprechen, keine Termine und keine Zusagen mehr hinter ihrem Rücken zu machen. Ich bleibe jedoch unverbesserlich.

Aber nun wurde ich auf meinem Pilgerweg mit dieser tiefen Stille konfrontiert. Ich ertappte mich dabei, dass ich immer wieder Selbstgespräche führte, laute natürlich. Und es war beeindruckend, dass in diesem geistigen schwarzen Loch, in dieser fast unerträglichen Stille die ersten herausfordernden Gedanken, die sich in meinen Kopf drängten, die großen Fragen waren. Die großen Sinnfragen: Was mache ich hier in dieser Welt? Wer bin ich eigentlich? Was wird von mir erwartet? Bin ich für irgendetwas bestimmt, oder lebe ich einfach so vor mich hin, und irgendwann ist es für immer und ewig vorbei? Wieso bin ausgerechnet ich ich? Was war, bevor es die Existenz gab? War alles nur leer, dunkel, schwarz? Kam dann irgendwann Gott dazu? Aber Gott ist doch ewig, was war denn noch vor Gott? Ewig bedeutet, es gab kein Davor, aber wie kann man sich Ewigkeit vorstellen? Was machen wir Menschen hier, und warum gibt es uns überhaupt?

Meine Fragen überstiegen eindeutig mein Fassungsvermögen. Interessant, dass gerade die Stille diese existenziellen Fragen hervorrief. Ich hatte das starke Bedürfnis, mich dieser Situation hinzugeben. Ich setzte mich für ein paar Minuten auf den Boden, lehnte mich an einen Baum, nahm mein Notizheft und den Stift aus dem Rucksack und begann, einen Brief an die Stille zu schreiben:

»Was machst du gerade mit mir, liebe Stille? Wieso nennt man dich Stille? Du bist alles andere als still. Du rufst gerade alle großen Fragen, ja alle existenziellen Fragen, hervor. Nie war mein Kopf so laut wie jetzt. Okay, du willst von mir wissen, was ich hier in dieser Welt mache und wohin die Reise gehen soll. Ich könnte dir spontan eine seit meiner Kindheit im Religionsunterricht auswendig gelernte Antwort herunterrattern: Wir Menschen wurden von Gott als seine Diener erschaffen. Wer sich an seine Gebote und Verbote hält, kommt in den Himmel, wer sich nicht daran hält, kommt in die Hölle. Aber du kennst mich, liebe Stille, du weißt, dass ich nichts von solchen simplen Antworten halte. Stattdessen möchte ich dir einen Deal vorschlagen. Ich nutze den Pilgerweg, um eine für mich authentische Antwort auf all deine Fragen zu finden. Und mit authentisch meine ich: Antworten, die mich nicht nur rational überzeugen, sondern die in meinem Herzen ankommen, die es berühren und die mich erfüllen. Mir geht es nicht um eine rein intellektuelle Auseinandersetzung mit diesen Sinnfragen, sondern darum, mich in meiner Existenz leiten zu lassen. Es geht mir um eine lebenserfüllende und existenzielle Antwort. Ich gebe zu, im Moment spüre ich eine Unruhe in mir, eine gewisse Verlorenheit. Ich nenne dich ab jetzt die laute Stille. Ja, du bist ganz laut. Gerade höre ich gefühlt hundert Fragen gleichzeitig: Was machen wir wirklich hier in dieser Welt? Was, wenn es doch keinen Gott gibt? Wie soll ich mein Leben idealerweise gestalten, nach welchen Maßstäben? Wer bestimmt diese? Gibt es eine universale Gerechtigkeit? Ich habe vielen Menschen vergeben, die mich verletzt und ausgenutzt haben, aber zugleich auf Gottes Gerechtigkeit vertraut. Was, wenn das alles nicht stimmt? Hätte ich mich an den Personen rächen müssen und nicht so leicht aufgeben dürfen? Haben die Ungerechten doch das letzte

Wort gehabt? O, du laute Stille! Du quälst mich gerade. Kannst du nicht einfach still sein?!«

Bald machte ich mich wieder auf den Weg. Nach etwa drei Kilometern kam mir eine ältere Dame entgegen. Endlich wieder ein Lebewesen! Und zum Glück keine Katze! Dabei hatte ich gerade angefangen, mich langsam an die Stille und die Einsamkeit zu gewöhnen. Die Frau stützte sich beim Gehen zwar auf Nordic-Walking-Stöcke, schien aber noch ganz fit zu sein. Sie sah mich an, lächelte und sagte: »Buen Camino!« Ich verstand den Ausdruck nicht, glaubte aber, dass es sich um einen Gruß in ihrer Sprache handelte. Ohne nachzudenken, erwiderte ich auf Arabisch: »Marhaba«, was so viel heißt wie »Willkommen«. So grüßt man sich in der arabischen Welt. Und da wir nun schon im Gespräch waren, stellte ich ihr ohne Vorwarnung oder Einleitung eine Frage auf Englisch: »Darf ich Sie fragen, warum Sie sich auf dem Pilgerweg befinden? Warum pilgern Sie zum heiligen Jakobus?«

»Ich bin gerade siebzig geworden. Meine Kinder, Enkelkinder und ich – insgesamt sind wir sechzehn Personen – wohnen nebeneinander. Es ist immer laut, und es ist immer etwas los bei uns. Man kommt nie zur Ruhe. Irgendwann hatte ich das Gefühl, mich von mir selbst zu entfernen. Ein Gefühl des Fremdseins. Im Alltagsstress verlieren wir oft den Blick fürs Wesentliche. Deshalb wollte ich mir eine Auszeit nehmen und mich fragen, was für mich das Wesentliche im Leben ist.«

»Gibt es bestimmte Rituale, die Sie beim Pilgern einhalten, bestimmte Gebete, die Sie sprechen, Bewegungen, die Sie zelebrieren?«

»Nein, nichts davon. Ich gehe einfach und genieße ganz entspannt alles um mich herum. Pilgern, das sind für mich vier Dinge: Achtsamkeit, also alles rund um mich herum möglichst bewusst wahrzunehmen, für meine Bekannten und Verwandten, die krank sind oder leiden, zu beten, die Natur zu erkunden und dem Körper etwas Gutes durch Bewegung zu tun.«

Das schöne Lächeln, das ihr Gesicht keine Sekunde verließ, strahlte Wärme und Vertrautheit aus. Ich fragte neugierig: »Woher kommen Sie?«

»Aus Australien.«

»Sie sind extra aus Australien hierhergekommen und pilgern ganz allein?«

»Ja, Pilgern ergibt für mich nur Sinn, wenn ich ganz allein bin. Ich bin ja sonst die ganze Zeit in einem Hamsterrad von Kommunikation und Erledigungen. Nur wenn man allein ist, kann man die Dinge in Ruhe verarbeiten und reflektieren.«

»Fühlen Sie sich dabei nicht einsam?«

»Alleinsein bedeutet nicht, einsam zu sein, im Gegenteil: Während meines Pilgerwegs wurde mir klar, wie einsam ich die ganze Zeit inmitten meiner Großfamilie lebe. Ich finde nie zu mir selbst. Ständig bin ich mit Erledigungen und den Anliegen der Kinder und Enkelkinder beschäftigt. Und mein Mann, den ich noch vor wenigen Jahren zu den Kindern gezählt habe, ist inzwischen so anstrengend geworden, dass ich ihn zu den Enkelkindern zähle.«

Die Frau, nach deren Namen ich gar nicht gefragt hatte, brachte mich zum Lachen. Das schaffen nicht viele.

»Sie sagten vorhin, dass Sie nach dem Wesentlichen im Leben fragen. Haben Sie Ihre Antwort schon gefunden?«

»Je älter ich werde, desto bewusster wird mir die Endlichkeit. Heute kann ich sagen: Das Leben ist viel zu kurz. Viel kürzer, als die meisten Menschen glauben. Früher dachte ich, das Wesentliche sei, erfolgreich im Beruf zu sein, viel Geld, ein Haus und ein Auto zu haben. Ich habe viel zu viel Zeit in diese Dinge investiert und mir ständig Sorgen gemacht, ob ich es schaffen werde.«

»Und heute, wie sehen Sie das heute?«

»Heute ist für mich Familie sehr wichtig, aber auch das Gefühl, ausgeglichen zu sein, ohne mir ständig Sorgen um die Zukunft zu machen, denn es ist sowieso alles vergänglich.«

»Ich verstehe. Dann wünsche ich Ihnen weiterhin viel Kraft für Ihren Pilgerweg. Sie sind ja fast schon am Ziel. Und danke für das schöne Gespräch. Sie sind so ein wunderbares Wesen. Danke!«

»Ich danke Ihnen!«

Bevor sie weiterging, fragte sie mich: »Wollen wir nicht noch ein gemeinsames Gebet sprechen?«

»Ja, sehr gerne.«

»Wie heißen Sie?«

»Mouhanad.«

Sie schloss ihre Augen: »Gott im Himmel, schenke Mouhanad, mir und allen Menschen Glück, Zufriedenheit, Gesundheit und ein gesegnetes Leben. Hilf den Armen, den Kranken und den Leidenden. Amen.«

Die Frau verabschiedete sich und ging weiter.

Ich musste diese Begegnung erst einmal verarbeiten. Eine siebzigjährige Dame machte sich ganz allein auf so eine lange Reise ans andere Ende der Welt. Wow! Sie hatte nur eine einzige Begleiterin, und diese war offensichtlich ihre beste Freundin: sie selbst. Das inspirierte mich, ebenfalls mein bester Begleiter zu sein. Dann würde ich mich nicht ganz allein fühlen, nicht einsam, und ich hätte jemanden, mit dem ich mich während der Reise unterhalten könnte. Das würde aber nur dann funktionieren, wenn es mir gelänge, Selbstgespräche, also Gespräche mit meinem Begleiter, zu führen.

Ich probierte es erst einmal mit Small Talk: »Bist du schon müde, sollen wir eine Pause machen?«

»Nein, ich schaffe noch eine Stunde, danach machen wir eine kleine Pause. Das ist aber lieb, dass du dir Sorgen machst.«

Ein Gefühl der Wärme überkam mich, eine sehr nette Geste. Da fragt mich jemand, wie es mir geht und ob ich eine Pause brauche, um aufzutanken. Schon lange hatte mich das niemand mehr gefragt. Im Alltag haben alle Menschen um mich herum immer nur Erwartungen. Mitarbeiter machen sich Sorgen um die Verlängerung beziehungsweise Aufstockung ihrer Verträge. Kolleginnen fragen ständig, wann ich endlich den einen oder anderen Artikel für ihr Buch liefern werde. Politiker, Schulleiter und Kirchenvertreter sehen in mir den großen Aufklärer des Islams. Studierende haben einzig die Sorge, wann ihre Noten endlich eingetragen werden und was mindestens nötig ist, um gerade noch ihre Scheine zu bekommen. Erwartungen über Erwartungen. Und ich habe in den letzten fünfzehn Jahren nichts anderes getan als gearbeitet. Keine Freundschaften, keine Hobbys und inzwischen auch keine Partnerin mehr. Und gerade mal fünf Wochen Urlaub in ebendiesen fünfzehn Jahren, wobei ich meine Arbeit natürlich stets mitgenommen habe. Einmal hatte ich sogar meinen kompletten PC mitgeschleppt – das ist schließlich einfacher, als stundenlang gekrümmt am Laptop zu arbeiten. Mein Leben bestand bis jetzt im Wesentlichen aus Arbeit.

Zwei Dinge trösten mich dennoch: erstens die innige und liebevolle Beziehung zu meinem inzwischen 24-jährigen Sohn und seiner Partnerin und zweitens mein Verhältnis zu meiner Arbeit, die für mich eine Art Berufung ist. Ja, sogar ein Privileg, etwas verändern zu dürfen, Menschen im Herzen zu berühren und sie zur Liebe zu entzünden, jungen Musliminnen und Muslimen neue Perspektiven in ihrem Verhältnis zu sich selbst, zu Gott und zu ihren Mitmenschen zu eröffnen. Ich stehe jeden Tag auf – meist nach nur vier, maximal fünf Stunden Schlaf und lange bevor der Wecker klingelt – und spüre eine unglaubliche Energie in mir, den Tag mit Freude und Kreativität zu gestalten. Mein Arbeitsleben ist meine freie Entscheidung, die mir unendlich viel Freude bereitet. Dennoch hatte ich es vielleicht mit der Arbeit übertrieben. Diese Form des Lebens kann auf lange Sicht hin nicht gesund sein. Ich hatte inzwischen verlernt, dass es jenseits der Arbeit auch andere Dinge im Leben gibt, die ebenfalls erfüllend sein können und mindestens genauso viel Freude bereiten. Unglaublich, wenn man sich vorstellt, dass ich sogar die ganze Zeit mit mir haderte, ob diese fünf Tage auf dem Jakobsweg womöglich verlorene Arbeitszeit seien, die ich lieber sinnvoller am Schreibtisch hätte verbringen sollen. Inzwischen hätte ich diesen und jenen Artikel fertiggeschrieben, dieses oder jenes Buch gelesen. Offensichtlich habe ich verlernt, mir eine Auszeit zu nehmen, innezuhalten und mir etwas Zeit mit meinem besten Begleiter, mir selbst, zu gönnen.

Aber jetzt! Jetzt hatte ich die einmalige Chance, etwas in meinem Leben zu ändern und meinen Begleiter endlich besser kennenzulernen. Wer weiß, vielleicht verstehen wir uns ja so gut, dass er mich nach dem Pilgern auch weiterhin begleitet, idealerweise bleibt er lebenslang an meiner Seite. Aber werden wir wirklich viel miteinander anfangen können, oder brauchen wir weiter Ablenkung, die uns vor einer Konfrontation schützt?

Ich nahm mir vor, mich mit meinem Begleiter zu versöhnen. Nicht, dass es zwischen uns Ärger gegeben hätte, aber wir hatten uns offensichtlich längst aus den Augen verloren. Ich wollte mein Bestes geben. Er hoffentlich auch. Und ich fragte mich, warum mir diese Gedanken nicht schon bei meiner Pilgerfahrt nach Mekka gekommen waren. Ich war etliche Male dort, hatte die Pilgerfahrt zweimal absolviert. Wieso hatte ich meinen Begleiter dort nicht getroffen? Warum ausgerechnet hier auf dem Jakobsweg?

Meine Gedanken wurden unterbrochen. Ein Mann kam mir entgegen. Er schaute mich im Vorbeigehen an: »Buen Camino«, sagte er. Und ich erwiderte erneut: »Marhaba.« Ich fragte mich, warum auch er mich in dieser Sprache grüßte. Das wird sicherlich Spanisch sein, und beide haben mich wegen meiner dunklen Haare anscheinend für einen Spanier gehalten. Der Mann schaute mich erneut an und sagte lachend auf Englisch: »Sie gehen den falschen Weg, junger Mann. Santiago de Compostela liegt in der anderen Richtung.«

»Nein, nein, ich gehe ganz bewusst den Weg in die andere Richtung.« Ich erzählte ihm meine Geschichte, die ihn aber eher zu langweilen schien. Er nickte mir desinteressiert zu. Daher beeilte ich mich mit meiner Frage, warum er auf dem Pilgerweg sei.

»Ich werde übermorgen sechzig, und ich möchte genau an meinem sechzigsten Geburtstag in Santiago de Compostela ankommen. Ich bin in Frankreich gestartet und seit etwa vierzig Tagen unterwegs. Ich lasse hier die ganze Zeit mein Leben Revue passieren.«

»Vierzig Tage, wow! Und welche religiöse Bedeutung hat das Pilgern für Sie?«

»Ach, ich gehöre keiner Religion an, ich weiß nicht einmal, ob es einen Gott gibt. Ich denke, ich glaube nicht wirklich an einen Gott. Pilgern hat für mich überhaupt keine religiöse Bedeutung. Religionen interessieren mich nicht wirklich.«

Mein Kopf konnte diesen Satz nicht einordnen. Wie jetzt? Kein Gott, und er pilgert trotzdem?! Wie geht das?

»Sie pilgern, obwohl Sie nicht an Gott glauben?«

»Ja, genau, das Pilgern ist eine schöne Gelegenheit, die Vergangenheit Revue passieren zu lassen und alle Momente des Lebens noch einmal durchzugehen. Das ist mein Geburtstagsgeschenk an mich selbst. Ich habe es zum Manager eines Kleinunternehmens geschafft, meine beiden Söhne sind inzwischen erwachsen und beide verheiratet. Ich bin glücklich, denn ich habe alles erreicht, was ich mir vorgenommen hatte. All das zu überdenken, bereitet mir eine besondere Freude. Ich spüre tiefe Dankbarkeit.«

»Ich verstehe. Und würden Sie sagen, dass Sie auch ohne einen Glauben glücklich sind?«

»Ja, selbstverständlich. Man braucht keinen Gott, um glücklich zu sein.«

Er schien es eilig zu haben, und meine irritierten Nachfragen nervten ihn offensichtlich. Ich wollte nur noch wissen, woher er komme.

»Aus Italien, aus Italien komme ich«, rief er mir zu und ging dann schnell weiter.

Jetzt musste ich aber endlich mein Handy herausholen und nachschauen, was dieses »Buen Camino« bedeutet. Aha, das ist Spanisch und heißt so viel wie: »Guten (Jakobs)Weg.« Gut zu wissen, das musste ich mir merken. Ich wiederholte es etwa zehnmal hintereinander: »Buen Camino, Buen Camino …« Damit würde ich das nächste Mal die Menschen, die mir entgegenkamen, begrüßen. Schließlich schien das hier Tradition zu sein. Dass der Mann extra aus Italien hergekommen war, um zu pilgern, obwohl er kein Christ ist und nicht einmal glaubt, dass es einen Gott gibt – das verstehe ich bis heute nicht. Ich stellte mir einen Pilger vor, der nach Mekka fährt, um zu pilgern, aber nicht an Gott glaubt. Was hat er dort verloren? Die Pilgerfahrt besteht bei uns Muslimen hauptsächlich aus Gebeten, die man spricht. Würden diese alle wegfallen, weil jemand nicht an Gott glaubt – was bliebe dann von der Pilgerfahrt? Zu pilgern, ohne religiös zu sein, ergibt das denn Sinn? Da könnte man doch auch irgendwo auf der Welt spazieren gehen und über dies und jenes nachdenken. Dafür muss man doch nicht den Jakobsweg gehen.

Meine Beine wurden immer schwerer. Ich brauchte dringend eine Pause. Da es keine Bänke gab, legte ich mich einfach im Schatten auf den Boden. Ich holte meine Gebetskette aus dem Rucksack.

Es gibt zwei verschiedene Größen von Gebetsketten: Ketten mit 33 und Ketten mit 99 Perlen. Meistens habe ich beide Versionen bei mir. Die Kette mit den 33 Perlen ist unterwegs praktischer und fällt kaum auf. Man wiederholt verschiedene Gotteslobpreisungen, Danksagungen sowie Bitten um Vergebung. Die Gebetskette verleiht dem Ganzen eine gewisse Verbindlichkeit. Man geht eine Perle nach der anderen durch, spricht jedes Mal ein Gebet und hört nicht auf, ehe man ans Ende der Kette gelangt ist.

Ich habe eine Vorliebe für Gebetsketten und sammle sie. Meist bestehen die Perlen aus Edelsteinen, die so schwer sind, dass der Faden, der sie zusammenhalten soll, früher oder später reißt. Dadurch habe ich schon viele, leider auch wertvolle Ketten verloren: in Zügen, Flugzeugen, U-Bahnen, an Bahnhöfen. Die meisten sind einfach beim Spazieren auseinandergegangen. Es ist unmöglich, alle Perlen zu finden, sie springen sofort in alle Himmelsrichtungen. Und das war es dann mit der Kette. Deshalb habe ich mir schon vor vielen Jahren angewöhnt, unterwegs nur einfache Plastikketten mitzunehmen. Sie sind leicht, handlich, und der Faden reißt selten. Und wenn man sie verliert oder irgendwo in einem Hotelzimmer vergisst, dann ärgert man sich nicht so sehr, da sie sehr günstig und leicht zu ersetzen sind.

Ich nahm meine Gebetskette mit den 33 Perlen in die Hand und begann, auf Arabisch zu wiederholen: »Gepriesen seist du, lieber Gott, gepriesen seist du, lieber Gott, gepriesen seist du,

Die unerträglich laute Stille

lieber Gott ...« Das mag sich stumpf und monoton anhören, meine Erfahrung ist jedoch, dass es sich bei jeder Wiederholung so anfühlt, als würde sich das Tor zum Himmel ein Stück weiter öffnen. Gott wird vor meinem geistigen Auge präsenter, und das Herz wird bei jedem Satz mehr ergriffen. Aber nach einigen Perlen schweifte ich wieder ab. Der Gedanke, dass Religion weder bei der Dame aus Australien noch bei dem Mann aus Italien wirklich eine Rolle spielte, irritierte mich. Gut, die Dame aus Australien meinte, dass sie für Menschen beten würde. Und immerhin hatte sie zum Abschied gemeinsam mit mir ein kurzes Gebet gesprochen, aber das war's dann auch. Sehr fromm schien sie mir nicht zu sein. Für sie gab es keine Rituale, keine vorgeschriebenen Zeremonien, die man auf dem Pilgerweg absolvieren sollte.

Ich nahm meinen Notizblock und den Stift aus dem Rucksack und fing an, einen Brief an meinen besten Begleiter zu schreiben: »Liebes Ich, hier pilgern Menschen, die sich kaum oder gar nicht für Gott und für Religion interessieren. Religion scheint in Europa immer weniger eine Rolle im Leben der Menschen zu spielen. Religion ist im Begriff, sich zu verabschieden.«

»Mouhanad, merkst du nicht, dass du dich die ganze Zeit mit anderen beschäftigst? Das kann dir doch egal sein, ob die Menschen religiös sind oder nicht. Ich will dich nur an deinen Brief an die Stille erinnern. Du hast ihr einen Deal versprochen, den Pilgerweg zu nutzen, um authentische Antworten auf deine großen Sinnfragen zu finden. Antworten, die dich nicht nur rational überzeugen, sondern in deinem Herzen ankommen, es berühren und dich erfüllen. Lass das lieber deine Aufgabe sein.«

»Ja, du hast recht, lieber Begleiter. Danke für die Erinnerung. Ich habe die beiden nur deshalb erwähnt, um ihre Haltung für mich zu reflektieren. Mir geht es lediglich um meine Sicht der Dinge.«

Auf einer neuen Seite zeichnete ich eine Tabelle mit zwei Spalten. Eine trug die Überschrift »Nummer«, die andere »Erfüllender Inhalt«. Ich füllte die erste Zeile aus: »Nr. 1 – bei sich selbst sein«. Das Ziel der australischen Dame war eine Auszeit, um bei sich selbst zu sein. Bei dem Mann aus Italien waren es seine Erfolge, die sein Leben erfüllten. Ich ergänzte meine Tabelle: »Nr. 2 – Erfolg im Job und Kinder erziehen«. Ich formulierte das bewusst so und verwendete nicht den Begriff »Familie«, weil der Mann die Familie oder eine Ehefrau nicht erwähnt hatte, sondern nur die beiden Söhne, auf die er so stolz war.

»Und, Mouhanad, kannst du mit den beiden aufgeschriebenen Dimensionen des Erfülltseins etwas anfangen?«

»Oh, du stellst mir eine sehr schwierige Frage. Ich kann das nicht so einfach beantworten. Darüber muss ich erst nachdenken.«

»Okay, dann lass uns weitergehen, und du denkst beim Gehen nach. Außerdem habe ich Hunger, du nicht?«

»Doch, doch! Wir müssen Ausschau nach der nächsten Stadt halten, da gibt es sicherlich genug Restaurants.«

Diese Selbstgespräche halfen mir, unterwegs das Gefühl des Alleinseins zu verdrängen und mir Zugang zu mir selbst und meinen Gedanken zu verschaffen. Ich lernte, meine Selbstgespräche zu schätzen. Heute kann ich sagen, dass wir nur dann einen ausgewogenen Zugang zu uns haben, wenn wir in unserem engsten Begleiter, also in uns selbst, den besten Gesprächspartner gefunden haben. Diese Form der Kommunikation muss allerdings geübt werden und benötigt einen geeigneten stillen Rückzugsraum. Das kann ein Spaziergang sein oder eine Zugfahrt, bei der man einfach aus dem Fenster ins Leere schaut und das eine oder andere vertiefte Gespräch mit dem engsten Begleiter führt. Auch in den eigenen vier Wänden sollte ein solcher Raum existieren, zumindest eine Ecke des Rückzugs. Wenn ich unter Menschen bin oder an viele Dinge denken muss, fällt es mir sehr schwer, intensiv bei mir selbst zu sein. Gerade die sozialen Medien fordern mich heraus, lenken mich immer wieder ab und verschließen den Zugang zu mir selbst. Wie oft ertappe ich mich dabei, dass ich bei Instagram oder YouTube minuten- oder stundenlang Videos herunterscrolle. Eine sinnlose Betätigung, die das Gehirn mit sehr vielen unnötigen Eindrücken belastet. Dahinter scheint das Bedürfnis zu stecken, den Alltag zu verdrängen. Ich habe daher gelernt, mir regelmäßig bewusst Zeit zu nehmen, um in diesen geistigen Rückzugsraum einzutreten. Zuvor müssen allerdings alle Alltagssorgen und Arbeitsaufgaben sowie Ablenkungen draußen bleiben. Sie dürfen auf keinen Fall mit in meinen Rückzugsraum.

Aber zurück zu meinem Pilgerweg …

Es war nicht immer einfach, sich zu orientieren, vor allem weil es nicht überall Muscheln auf dem Boden gab. Hin und wieder musste ich also doch auf mein Navigationssystem auf dem Handy zurückgreifen.

Immer wieder kamen mir Menschen entgegen. Und fast jeder Zweite belehrte mich, dass ich auf dem falschen Weg sei, dass ich in die falsche Richtung ginge. Irgendwann sagte ich mir: »Ach, komm! Ich habe keine Lust und schon gar keine Kraft mehr, jedem meine Geschichte zu erzählen.« So erfand ich einfach eine neue Variante: »Ich weiß, ich war schon auf dem Pilgerweg nach Santiago de Compostela und beim heiligen Jakobus. Ich wollte nun auch noch den Rückweg zu Fuß gehen.« Die Reaktionen waren ähnlich: »So ein Streber!«, »Was für ein frommer junger Mann! Der pilgert hin und zurück!« Ein Mann schaute seine Frau an und nuschelte so laut, dass ich es gerade noch mitbekam: »Vielleicht gehört er irgendeiner fundamentalistischen Sekte an. Komm, lass uns weiterziehen, wir sind in wenigen Stunden da.«

Ich beließ es dabei. Es war mir lieber, als Streber oder übereifrig fromm und religiös wahrgenommen zu werden, als dass man mich für einen Verstörten oder Irritierten hielt, der den umgekehrten Weg ging.

Zum Glück war es über die Buchungs-App nicht schwer, ein Zimmer in einem kleinen Hotel in Rua zu finden. Meine Beine taten inzwischen sehr weh, und ich hatte Krämpfe. Eine heiße Dusche wirkte Wunder. Aber dennoch spürte ich Muskeln, von deren Existenz ich bislang nichts mitbekommen hatte. Ich lud mein Handy auf, legte mich aufs Bett, konnte aber nicht abschalten. Mir kamen einige Podcasts und Hörbücher in den Sinn, die ich zum Thema Selbstfindung und Persönlichkeitsentwicklung heruntergeladen, aber nie gehört hatte. Ich fing an, das eine oder andere querzuhören und mir Notizen zu machen.

Zwischendurch schaute ich auf Instagram und suchte dort nach Ratgebern in Sachen Lebenshilfe. Es ist völlig aussichtslos, alle Anbieter von Lebenshilfetipps auf Instagram überblicken zu können. Und irgendwann schien mich der Algorithmus so weit missverstanden zu haben, dass er mir nur noch solche Seiten vorschlug. Man hatte fast den Verdacht, Instagram würde ausschließlich aus Anbietern von Lebenshilfe bestehen. Und sie sagen alle mehr oder weniger dasselbe. Selbstliebe steht ganz oben auf der Liste: Liebe dich selbst. Mach dein Glück und dein Gefühl, glücklich zu sein, nicht von der Außenwelt abhängig. Es ist alles in dir drin. Sei zuerst glücklich, und gehe erst dann eine Beziehung zu deinen Mitmenschen ein. Beziehungen sind nicht dazu da, um uns glücklich zu machen, ansonsten machen wir uns abhängig. Wenn ich das alles höre, leuchten mir die Gedanken der Australierin und des Italieners heute ein. Aber jetzt höre ich auf zu denken. Morgen früh geht es weiter.

Der Mensch, das Du und das Ich

Nach gerade einmal zwei Stunden Schlaf erwachte ich wieder, und mein Kopfkino war auch schon aktiv. Mich beschäftigte die Frage: Reichen Selbstliebe und Selbstgenügsamkeit wirklich aus, um ein glückliches und erfülltes Leben zu führen? Irgendwie war ich davon überzeugt, dass der Mensch nur dann vollkommen ist, wenn all seine emotionalen Bedürfnisse nach Liebe und Anerkennung aus seinem Inneren heraus befriedigt werden können. Jegliche Form der Abhängigkeit von der Außenwelt liefert mich meinen Mitmenschen aus. Deswegen muss ich dafür sorgen, dass sich mein Glück nur in mir erfüllt. Was aber ist mit unseren Bedürfnissen nach Freundschaften, nach Partnerschaft, nach menschlicher Nähe und Zweisamkeit, aber vor allem nach Familie und nach körperlicher Nähe und Sexualität? Sind solche Bedürfnisse Defizite, die wir erst beseitigen müssen, um unser wahres Glück zu finden? Lassen uns all diese Ratgeber vielleicht in einen extremen Individualismus abdriften?

Glaubt man ihnen, dann ist der Mensch ein singuläres Wesen, das in sozialen Beziehungen allein die Befriedigung seiner eigenen Bedürfnisse sucht. Unser soziales Leben wird damit degradiert, wird Mittel zum Zweck. Aber dann hat das Soziale keinen Selbstzweck mehr, und nur ich habe meinen eigenen Selbstzweck – kann das wirklich so sein? Hat der Philosoph Immanuel Kant uns nicht zur Bewahrung der Menschenwürde ermahnt und diese nur dann als gewahrt angesehen, wenn wir unsere Mitmenschen so würdigen wie uns selbst?

Im Orient kritisieren viele, dass die Menschen im Westen zwar viel mehr Menschenrechte und Freiheiten genießen, als dies in den meisten orientalischen Ländern der Fall ist, da diese Rechte dort gesetzlich geschützt sind. Gehe es aber um das Soziale, das nicht gesetzlich geregelt ist, zähle der Mensch kaum. Das lässt sich an einfachen Alltagserfahrungen festmachen. Im Orient wächst die Achtung vor einer Person mit deren Alter. Es gilt als äußerst respektlos, wenn ein Jüngerer den Raum vor einem Älteren betritt. Junge Menschen fangen bei Tisch oft erst nach den Älteren an zu essen. Hat man einen alleinstehenden älteren Nachbarn, dann gehört es sich, regelmäßig nach ihm zu sehen, für ihn einzukaufen und ihm bei der Bewältigung des Alltags zu helfen. Die eigenen Eltern in ein Pflegeheim stecken? Ein No-Go! Man pflegt seine Eltern oder sorgt für entsprechendes Pflegepersonal, das man nach Hause bestellt. Die Pflege der Eltern darf nicht als Pflicht angesehen werden, die man an Dritte delegiert. Im Gegenteil, sie ist ein Privileg und für religiöse Menschen ein Gottesdienst.

Nun könnte man einwenden, dass es sich hierbei um patriarchalische Strukturen handelt, die im Orient zementiert sind. Und ich gebe zu, dass die Grenze zwischen dem Respekt vor älteren Menschen und der Schaffung von Hierarchien, in denen Ältere eine gewisse Machtstellung einnehmen, fließend sein kann. Respekt darf nicht zur Legitimation patriarchaler Machtstrukturen führen oder bewusst dazu instrumentalisiert werden. Leider ist aber genau das nicht selten der Fall. Dieses Thema beschäftigt mich immer wieder, wenn es um unser islamisches Gottesbild geht. Gerade solche patriarchalen Machtstrukturen oder Machtstrukturen überhaupt neigen dazu, Gott als einen mächtigen Patriarchen darzustellen, der nicht mit sich verhandeln lässt. Nicht selten bleibt dadurch die Rede von dem liebenden und barmherzigen Gott auf der Strecke. Viele meinen, dass ein liebender Gott ein schwacher Gott sei. Sie erwarten von einem wahren Gott Strenge, Autorität, klare Restriktionen und drastische Strafen, sollte man sich nicht an seine Gebote halten. Die Gott-Mensch-Beziehung ist dadurch alles andere als auf Liebe und Vertrauen aufgebaut, sondern auf Angst und Unterwerfung.

Was aber hätte Gott davon, willenlose Marionetten in die Welt zu setzen? Er ist doch nicht auf die Bestätigung seiner Herrlichkeit und Macht durch uns Menschen angewiesen. Als vollkommenes Wesen ist er ein Gott des Gebens und nicht des Nehmens. Immer mehr junge Menschen kehren der Religion den Rücken, gerade deshalb, weil sie sich nicht mehr von solchen restriktiven Gottesbildern erpressen lassen wollen. Angstpädagogik hat kaum mehr Platz in unserer heutigen aufgeklärten Gesellschaft. Hier müssen religiöse Institutionen und ihre Akteure die Rolle der Religion für die Menschen heute neu reflektieren.

Bei so vielen Gedanken und Überlegungen fiel das erneute Einschlafen nicht leicht. Doch bis zum Frühstück waren es locker noch fünf Stunden, und ich brauchte meinen Schlaf! Ich schaltete erneut einen Podcast zum Thema Selbstfindung ein und hoffte, befriedigende Antworten auf meine Fragen zu finden. Allerdings sorgte die monotone Stimme der Sprecherin für ein anderes Erfolgserlebnis: Schon nach wenigen Minuten schlief ich ein. Die Nacht war unruhig. Und als ich gegen sieben Uhr morgens erschöpft aufwachte, fragte ich mich, wie ich es schaffen sollte, mit diesen schweren Beinen die achtzehn Kilometer bis zur nächsten Etappe, der Stadt Arzua, zu laufen. Die Schmerzen in den Muskeln waren noch schlimmer als vor dem Einschlafen.

Ich hätte mich auf diese sportliche Leistung einfach besser vorbereiten müssen. Aber wer konnte denn ahnen, dass mich so eine körperliche Herausforderung erwartete?!

Bei meiner Arbeit an der Universität sitze ich stundenlang am PC, mein Rücken ist aufgrund meiner starken Kurzsichtigkeit meist gekrümmt, die Schultern angespannt, die rechte Hand klebt förmlich an der Maus. Sehr gemütlich! Ein Röntgenbild bei meinem Orthopäden hat gezeigt, wie durch das lange Sitzen, meist mit übereinandergeschlagenen Beinen, das ganze Skelett verdreht ist und regelrecht auseinanderzubrechen droht. Und als wäre das nicht genug, schränkt eine Schleimbeutelentzündung im Bereich des rechten Oberarmes, der bei Schreibtischtätern gut bekannte »Mausarm«, auch noch meine Armbewegungen ein. Sogar erste Verkalkungen wurden dort bereits diagnostiziert. Das ist der Tribut für das lange Sitzen. Und jetzt kommt noch der Preis für meine Bewegungsoffensive obendrauf! Wie sollte ich mit diesem verrosteten Körper innerhalb von vier Tagen weitere achtzig Kilometer zu Fuß schaffen?

In diesem Moment bedauerte ich zutiefst, dass ich nie auf meine Hausärztin gehört hatte. Sie hatte mir immer wieder nahegelegt, bei der Arbeit am Schreibtisch alle vierzig Minuten den Wecker zu stellen, um dann jeweils fünf Minuten lang ein paar Dehnübungen für Rücken, Schultern und Beine zu machen. Eine Stoppuhr hatte ich mir vor zwei Jahren schon gekauft, benutzt habe ich sie nie. Im Islam heißt es, die Absicht zähle. Gott richtet uns nach unseren Absichten. Eine gute Absicht, auch wenn sie nicht umgesetzt wird, zählt vor Gott dennoch als gute Tat. Diese These scheint aber beim bloßen Vorhaben, regelmäßig Sport treiben zu wollen, nicht wirklich zu funktionieren. Der Körper gibt sich mit Absichtsbekundungen nicht zufrieden. Schade eigentlich.

Da der Podcast die ganze Nacht auf dem Handy gelaufen war, war der Akku fast leer. Ich schloss das Handy schnell an den Strom an, etwa eine Stunde brauchte es nun zum Aufladen. Eine gute Ausrede, um mir mehr Zeit für das Frühstück zu nehmen. Ich saß in einem kleinen Frühstücksraum. Und die Frage nach einem erfüllten Leben ließ mir keine Ruhe. Im letzten Podcast, bei dem ich nach wenigen Minuten eingeschlafen war, hieß es gleich in den ersten Sätzen, dass dann ein erfülltes Leben erreicht sei, wenn es einem gelinge, sich selbst zu verwirklichen. Selbstverwirklichung bedeute dabei, im Leben genau das zu tun und zu erreichen, was man sich als Ziel gesetzt hat.

So verlockend und sympathisch solche Sätze klingen, sie beantworteten meine Frage nicht wirklich. Woher weiß ich, dass die Ziele, die ich mir gesetzt habe, sinnvolle Ziele sind? Reicht es aus, dass ich sie mir gesetzt habe, um behaupten zu können, dass es sinnvolle Ziele für ein erfülltes Leben sind?

Meine Gedanken wurden von der Stimme einer Dame unterbrochen, die auf Deutsch sagte: »Schau, Anne, hier liegen die großen Kirschen, die du suchst.«

Ich blickte in ihre Richtung und beobachtete, wie zwei Frauen mittleren Alters den Frühstücksraum betraten.

Anne erwiderte: »Die sehen aber lecker aus! Ich glaube, ich werde heute nur Kirschen frühstücken.«

Die beiden gingen direkt zum Büfett und setzten sich an den Tisch neben mir. Sie unterhielten sich darüber, ob sie heute die restlichen Kilometer nach Santiago de Compostela zu Fuß gehen oder nach der halben Strecke den Bus nehmen sollten.

Anne klagte über starke Knieschmerzen: »Ich weiß nicht, ob ich die letzten zwanzig Kilometer heute gehen kann. Die Schmerzen lassen zwar beim Gehen nach, aber wenn ich mich hinsetze, komme ich kaum wieder hoch.«

»Dann lass uns doch gleich den Bus nehmen.«

»Nein, nein! Wir fahren nur die Hälfte der Strecke mit dem Bus. Den Rest gehen wir auf jeden Fall zu Fuß. Sonst bin ich deprimiert, wenn ich die Kathedrale nicht zu Fuß erreicht habe.«

Ich unterbrach die beiden: »Ich pilgere auch nach Santiago de Compostela. Kommt ihr auch aus Deutschland?«

»Ja, wir wohnen in Wuppertal. Woher kommst du?«

»Ich wohne in Münster, also gar nicht so weit weg von euch.«

»Und woher kommst du ursprünglich?«

Anne unterbrach ihre Freundin aufgeregt: »Aber Corinna, das fragt man doch nicht!«

»Warum nicht?«

»Es gehört sich heutzutage nicht, solche Fragen zu stellen.«

»Das verstehe ich jetzt nicht.«

»Na, weil es rassistisch ist.«

»Wieso ist es rassistisch, jemanden danach zu fragen, woher er kommt?«

»Ja, okay, ich meine nicht rassistisch, aber diskriminierend.«

»Hä? Bin ich im falschen Film? Wieso ist das diskriminierend?«

Ich hatte ein schlechtes Gewissen. Meinetwegen stritten sich die beiden Freundinnen, die vor einer Minute noch miteinander gelacht hatten. Ich wollte auf keinen Fall Partei ergreifen und versuchte rasch, sie abzulenken: »Meine Geschichte ist sehr kompliziert. Ich frage mich selbst oft, woher ich komme. Meine Eltern sind Palästinenser. Sie sind 1948 aus Palästina in den Libanon geflüchtet. Dort wurde ich geboren, in Beirut. Aber aufgewachsen und zur Schule gegangen bin ich in Riad, also der Hauptstadt von Saudi-Arabien. Mit siebzehneinhalb, also nach dem Abitur, bin ich dann nach Österreich gezogen und habe in Wien studiert. Und seit 2010 lebe ich in Deutschland und arbeite in Münster an der Universität.«

Nun war es ausgerechnet Anne, die sagte: »Das hört sich sehr international an. Spannend! Palästina, Libanon, Saudi-Arabien, Österreich und nun Deutschland – wo fühlt man sich da zu Hause?«

Corinna protestierte sofort ironisch: »Ja, ja, Anne, vor einer halben Minute war es noch rassistisch, so was zu fragen.«

Bevor sich die beiden weiter ärgerten, ergriff ich schnell das Wort: »Wenn man so wie ich zwischen den Welten aufgewachsen ist, dann fühlt man sich verschiedenen Ländern und Kulturen zugehörig. Ich kann mein Gefühl nicht auf eine bestimmte Nationalität reduzieren. Heute würde ich sagen, ich fühle mich überall dort zu Hause, wo ich mich menschlich entfalten kann. Ich bin Deutschland sehr dankbar. Ich habe das Gefühl, einen festen Platz in der Gesellschaft zu haben.«

Corinna erwiderte: »Ich arbeite in Wuppertal als Lehrerin an einer Gesamtschule. Wir haben etwa siebzig Prozent muslimische Schülerinnen und Schüler. Ich habe den Eindruck, dass ein Großteil von ihnen statt dieser Dankbarkeit, von der du sprichst, eher eine Art Enttäuschung von der Gesellschaft verspürt.«

»In meinem Bekanntenkreis habe ich solche und solche Freunde«, meinte Anne. »Einige beschweren sich, meiner Meinung nach zu Recht, dass sie immer als Ausländer oder als Menschen mit Migrationshintergrund abgestempelt werden. Sie wollen einfach als selbstverständlicher Teil der Gesellschaft wahrgenommen werden. Stattdessen fragt man sie ständig ›Woher kommst du ursprünglich?‹, oder man merkt an: ›Du sprichst aber gut Deutsch.‹ Dadurch vermittelt man ihnen, dass sie nicht dazugehören.«

Ich unterbrach: »Ich kenne diese Debatte um Anerkennung sehr gut, finde aber, dass wir sie überzogen diskutieren. Ein Beispiel: So gut wie jedes Mal, wenn ich in ein Taxi steige, fragt mich der Taxifahrer, der meist selbst einen Migrationshintergrund hat und oft schlecht Deutsch spricht, woher ich komme. Und damit meint er, woher ich ursprünglich komme. Ich empfinde absolut nichts Schlimmes an dieser Frage und würde nie auf die Idee kommen, ihn deswegen als Rassisten zu bezeichnen. Ist es nicht einfach eine gesunde Neugier, jemanden zu fragen, welchen nationalen oder ethnischen Hintergrund er hat? Ich selbst unterrichte an der Universität Münster und erwische mich immer wieder dabei, dass ich meine Studierenden in der Sprechstunde danach frage, ob sie arabische, türkische oder andere Wurzeln haben. Damit will ich sie weder diskriminieren noch in irgendeiner Weise benachteiligen. Im Gegenteil. Ich sehe diesen kulturellen Hintergrund als wertvolle Ressource. Wir brauchen für unsere Arbeit an der Uni ständig Leute, die gut Arabisch, Türkisch oder Bosnisch sprechen, warum also nicht fragen?«

Anne war sichtlich entsetzt über meine Ausführungen: »Ich finde, dass die jungen Menschen, die bei uns leben, ein Recht darauf haben, in Deutschland eine Heimat zu finden, ohne dass ihre Zugehörigkeit ständig hinterfragt wird. Dies sollte nicht relativiert werden. Unsere Gesellschaft muss endlich aufhören, rassistisch zu sein!«

Dieser moralische Zeigefinger nervte mich. Ich protestierte: »Vermischen wir hier nicht die Dinge? Wir sind uns doch darüber einig, dass Menschen, die in Deutschland leben, als selbstverständlicher Teil unserer Gesellschaft anerkannt und gewürdigt werden sollten. Nicht wahr? Mein Problem ist nur, dass wir allein in der Frage, woher jemand ursprünglich kommt, oder in der Bemerkung, dass jemand gut Deutsch spricht, eine rassistische Haltung sehen. Dadurch laden wir die Debatte unnötig moralisch auf: hier die armen Opfer und dort die bösen Täter. Wir konstruieren in unserer Gesellschaft polarisierende Grenzen, die so überhaupt nicht existieren. Sie entstehen erst durch diese unnötige Debatte und festigen sich sogar mit der Zeit. Ich persönlich empfinde es durchaus als nett, wenn jemand Interesse an meiner Kultur zeigt und dies zum Ausdruck bringt.«

Corinna schaltete sich in unsere Debatte ein: »Kann es sein, dass wir oft längst vorverurteilt oder kategorisiert haben? Hier die benachteiligten und diskriminierten Menschen mit Migrationshintergrund und dort die bösen Angehörigen der Mehrheitsgesellschaft? Und dann packen wir die Aussagen von Menschen in Schubladen: je nachdem, ob sie zu einer Minderheit oder zur Mehrheit gehören. Minderheiten können demnach nur Opfer und Mehrheiten nur Täter sein. Während also der Taxifahrer ohne Weiteres nach deiner Herkunft fragen darf, ohne dass er mit dem Vorwurf des Rassismus konfrontiert wird, deuten wir die Frage eines Angehörigen der Mehrheitsgesellschaft als diskriminierend. Das ist keine sachliche Debatte.«

Ich fühlte mich von Corinna sehr gut verstanden: »Auch wenn ich den Begriff ›Mehrheitsgesellschaft‹ für problematisch halte, weil er unsere Gesellschaft künstlich in Mehrheiten und Minderheiten spaltet, statt von einem großen ›Wir‹ zu sprechen, zu dem die Vielfalt der Kulturen und Religionen selbstverständlich gehört, stimme ich dir zu, Corinna. Bei meiner Arbeit als muslimischer Theologe leide ich unter einem ähnlichen Phänomen: Ich versuche, den Islam im Lichte einer demokratischen und pluralen Gesellschaft neu zu reflektieren. Diese innerislamische Aufklärung ist ohne Selbstkritik nicht zu denken. Aber oft höre ich sofort die Warnung: ›Ja, du hast mit deiner Selbstkritik recht, aber wir müssen aufpassen, dass wir den Rechtspopulisten keine Argumente gegen den Islam liefern. Daher ist es wichtig, diese Kritik, auch wenn sie berechtigt ist, nicht zu äußern. Wir sollten den Muslimen gegenüber toleranter sein und ihnen jegliche Kritik ersparen.‹ Dazu sage ich aber, dass es kein Zeichen von Toleranz und Anerkennung ist, wenn man Muslimen abspricht, konstruktiv mit Kritik umgehen zu können. Im Gegenteil, ich finde es diskriminierend, wenn man uns Muslime zu Opfern stigmatisieren möchte. Und so überlässt man die berechtigte Kritik meist den Rechten. Dabei ist es wichtig, die Thematisierung von Problemen innerhalb des islamischen Spektrums nicht den Rechtspopulisten zu überlassen. Ein muslimisches Opfernarrativ, das in jeder Kritik gleich einen antiislamischen Rassismus oder Islamophobie erkennen will, führt nicht weiter. Viele beklagen, dass man, sobald man es wagt, Kritik zu äußern, den Islamhassern zugeordnet wird. Man muss sich rechtfertigen und erklären, dass man weder Rassist noch Islamhasser ist. Schaut man weg, scheint das politisch korrekt. Und folgt man dieser Haltung, dann sollten Probleme im Zusammenhang mit den Muslimen gar nicht erst angesprochen werden, weder von den Muslimen selbst noch von Nichtmuslimen. Islamisten profitieren von dieser Selbstimmunisierung gegen jegliche Form von Kritik, während sich Menschen in Politik und Journalismus, an Universitäten und in Kirchen lieber in Selbstzensur üben, um sich nicht dem Vorwurf der Islamophobie oder des antimuslimischen Rassismus auszusetzen.

Diese alarmierende Entwicklung, die jede Form von Kritik tabuisiert, ist das Haupthindernis einer innerislamischen Reform. Darin liegt die eigentliche und langfristige Diskriminierung der Muslime, die sie daran hindert, Probleme und Herausforderungen zu benennen und sich diesen zu stellen. Wir Muslime benötigen auch die kritischen Anfragen von ›außen‹, die uns herausfordern, eigene Haltungen kritisch zu reflektieren. Wer Muslimen helfen will, Missstände zu beseitigen, indem er die Probleme beim Namen nennt, nimmt den Rechten und den Islamhassern den Wind aus den Segeln. Problematisch wird es nur dann, wenn man Pauschalurteile über Muslime fällt. Kritik muss daher immer fair und sachlich sein, aber auch auf menschliche Befindlichkeiten

Rücksicht nehmen. Mich ärgert, dass durch unsere Selbstzensur, Probleme bloß nicht anzusprechen, ein Vakuum entsteht, das ausgerechnet die Rechtspopulisten füllen. Sie vermitteln der Bevölkerung: ›Wir verstehen eure Sorgen – und nur wir! Wir thematisieren das, was euch bewegt, während die anderen wegschauen.‹ Nur machen sie dies nicht, weil sie an Lösungen interessiert sind, im Gegenteil, sie profitieren davon, wenn Missstände und Probleme aufrechterhalten bleiben. Sie profitieren von den Ängsten der Bevölkerung und schüren diese immer wieder. Statt zu tabuisieren, sollten wir alle lösungsorientiert über die Probleme, Ängste und Sorgen der Menschen sprechen. Wir dürfen diesen Diskurs nicht den Populisten überlassen.«

Anne unterbrach das Gespräch: »So spannend unsere Diskussion gerade ist, aber wir sollten langsam aufbrechen. Wir können unsere Unterhaltung ja unterwegs fortsetzen.«

Ich hatte den beiden nicht erzählt, dass ich eigentlich in die andere Richtung musste. Na ja, es würde sicher nicht schaden, ein paar Schritte mitzugehen. Irgendwann würde ich mich dann absetzen und meinen eigentlichen Weg verfolgen.

Ich hätte nie gedacht, dass ich ausgerechnet auf dem Pilgerweg über solche Themen, die zentral für das Zusammenleben in unserer pluralen Gesellschaft sind, nachdenken und diskutieren würde. Ich wollte den beiden aber unbedingt noch die Frage nach dem Sinn des Lebens stellen.

»Okay, ihr zwei, ich muss schnell noch meine Sachen aus dem Zimmer holen und auschecken. Ich würde sagen, wir treffen uns in etwa fünfzehn Minuten vor dem Hoteleingang, ja?«

Corinna protestierte: »Ich brauche mindestens dreißig Minuten, um startklar zu sein.«

Eine halbe Stunde später trafen wir uns vor dem Eingang und machten uns auf den Weg gen Santiago de Compostela.

Schon nach wenigen Schritten war mir klar: Zu dritt auf dem Jakobsweg zu gehen, ist anders, vor allem wenn man die ganze Zeit in Gespräche verwickelt ist. Die Reise nach innen war unterbrochen. Ich ging auch einfach an der Natur vorbei, ohne sie wirklich wahrzunehmen. Durch unsere Gespräche war ich abgelenkt. Ich hätte nicht erwartet, dass ausgerechnet ich die Stille vermissen würde. Sie war zwar laut und herausfordernd, aber ich war trotzdem ganz nah bei mir.

»Anne, Corinna, ich habe eine Frage an euch: Was macht für euch ein erfülltes Leben aus?«

»Puh, du stellst ja Fragen! Darüber muss ich erst nachdenken«, meinte Anne.

Corinna war spontaner: »Okay, dann fang ich an: Ich fühle mich dann erfüllt, wenn mit meinem Job alles okay ist, wenn ich gesund bin und wenn ich weiß, dass es meinen beiden Kindern und meiner Familie gut geht.«

»Was heißt das konkret, dass alles im Job okay ist?«

»Wir hatten zum Beispiel in letzter Zeit Stress, weil mein Schulleiter an einen anderen Standort versetzt wurde, dies aber nicht akzeptieren wollte. Das hat das ganze Klima in der Schule vergiftet. Davor war alles okay, man ging früh zur Arbeit, jeder wusste, was zu tun ist, und am Nachmittag fuhr jeder wieder nach Hause. Am Wochenende musste man sich keine Gedanken über die Arbeit machen, erst wieder am Montag.«

Anne erwiderte laut: »Und genau deswegen hasse ich Montage.«

»Aber du fühlst dich wohl bei deiner Arbeit.«

»Ja, das schon. Ich schalte am Wochenende ab und bin in einer anderen Welt. Aber sonntags ab 19 Uhr geht es los: Dann fange ich an, mir Gedanken über den nächsten Tag zu machen, und die Stimmung ist im Keller.«

»Corinna, du sagtest vorhin, du arbeitest als Lehrerin an einer Gesamtschule. Und du, Anne, was machst du, wenn ich fragen darf?«

»Ich arbeite im Personalmanagement eines mittelständischen Pharmaunternehmens.«

»Ihr habt beide spannende Berufe. Anne, magst du auch meine Frage beantworten, was für dich ein erfülltes Leben ist?«

»Inzwischen weiß ich, was ich für ein erfülltes Leben bräuchte: Seit mehreren Jahren suche ich nach einem passenden Partner. Aber irgendwie finde ich nicht den Richtigen. Ich habe mich auf zwei Datingplattformen angemeldet, aber die Männer dort kannst du vergessen.«

»Wieso?«

»Entweder wollen sie nur Sex, oder sie wollen keine Verantwortung übernehmen. Ich bin jetzt 45, habe keine Kinder und werde auch keine mehr haben können. Aber ich hätte gern eine Partnerschaft auf Augenhöhe. Bis jetzt habe ich aber nur alleinerziehende Väter kennengelernt, die nach einer Art Kindermädchen suchen, während sie das Leben genießen können. Oder die Männer suchen lediglich nach einer Begleiterin, um nicht allein in den Urlaub fahren zu müssen.«

»Und das findest du schlecht?«

»Schlecht nicht, aber es ist nicht das, was ich will. Ich suche nach einer festen Partnerschaft, in der ich mich gut aufgehoben und geborgen fühle.«

Das war der richtige Moment, um die beiden nach ihrer Meinung zu den Podcasts zu fragen, die ich letzte Nacht gehört hatte: »Gestern habe ich einige Podcasts zum Thema Selbstwirksamkeit gehört. Ich hatte den Eindruck, dass sich alle darüber einig sind, dass wir unser Glück oder das, was du, Anne, als ›sich aufgehoben und geborgen fühlen‹ bezeichnest, in uns selbst suchen sollten.

Irgendwie überzeugt mich das aber nicht. Wir Menschen sind soziale Wesen. Es ist doch nicht falsch, sein Glück in einer Beziehung zu suchen, oder wie seht ihr das?«

Corinna teilte meine Skepsis: »Ich hatte vor etwa drei Jahren eine schlimme Trennung. Mein damaliger Partner hat mich mit einer Arbeitskollegin, die viel jünger war als ich, betrogen. Wir haben zwei gemeinsame Kinder. Plötzlich stehst du da mit allen möglichen und unmöglichen Gedanken und Emotionen. Mir haben damals vor allem diese ambivalenten Gefühle zu schaffen gemacht. Irgendwie hängst du an dem Mann, aber zugleich empfindest du in dem Moment unglaublich viel Wut, wenn nicht sogar Hass. Was passiert mit den Kindern, wenn wir uns trennen? Alle, mit denen ich darüber geredet habe, sei es in der Familie oder in der Beratung, meinten, ich solle an mich und an meine mentale Gesundheit denken und mich für das entscheiden, was mir persönlich guttut. Sie haben mir mehr oder weniger geraten, mich so schnell wie möglich zu trennen. Dieser Mann sei es nicht wert, auch nur einen Tag länger bei ihm zu bleiben. Und in der Tat: Wir haben uns scheiden lassen. Mir ging es beschissen. Danach war ich lange in Therapie. Dort habe ich genau das gelernt, was du sagst: Jeder ist für sein eigenes Glück verantwortlich, Glück und Erfüllung sollten von innen kommen.

Tja, das hört sich schön an, aber ich bin kein Roboter. Ich kann mich nicht einfach darauf programmieren, dass ich mir selbst genüge. Ich bin ein soziales Wesen, das gerne Menschen um sich hat. Menschen, denen ich vertrauen kann und die dazu beitragen, dass es mir gut geht. Mag sein, dass meine damaligen Ratgeber sagen würden: ›Dann bist du defizitär, du machst dich von deinen Mitmenschen abhängig.‹ Ja, mag sein. Ich will aber lieben und geliebt werden. Ich gebe zu, dass ich mich von meinen Mitmenschen abhängig mache, aber dies als Defizit zu interpretieren, sehe ich nicht ein. Wir sind halt Menschen, soziale Wesen, und ja, das ist das Risiko des Menschseins: Hin und wieder müssen wir Enttäuschungen oder Schicksalsschläge hinnehmen, das gehört leider dazu. Aber es ist mir viel lieber, das zu akzeptieren und zu lernen, mit Enttäuschungen umzugehen, als mich emotional mehr oder weniger abzuschotten, um ja kein Risiko einzugehen, enttäuscht zu werden. Mir emotional selbst zu genügen, würde für mich bedeuten, dass ich mich emotional isoliere. Das will ich aber nicht. Deshalb habe ich aufgehört, auf diese Ratgeber zu hören. Und ja, ich gebe zu, wenn ich jemanden liebe, dann bedeutet das für mich auch eine gewisse emotionale Abhängigkeit. Mich davon zu befreien, würde für mich nur dann funktionieren, wenn ich von vornherein nur eingeschränkt Gefühle zulassen würde. Ich will aber ohne Misstrauen durchs Leben gehen und vor allem ohne Misstrauen lieben.«

Ich fragte neugierig: »Und, hast du inzwischen den Richtigen gefunden?«

»Sagen wir so: Ich habe gelernt, dass Liebe eine bewusste Entscheidung ist. Ich rede von Liebe und nicht von Verliebtheit, dem Gefühl, das irgendwann verfliegt. Der Richtige ist der, mit dem ich gut auskomme, auch wenn er nicht all meinen Vorstellungen und Erwartungen entspricht. Wenn ich mich bewusst entscheide, mit jemandem zusammenleben zu wollen, dann geht es nicht darum, ob er der Richtige ist, sondern darum, ob ich mich für die Liebe zu dieser Person entscheiden will. Wenn ja, dann werde ich alles tun, um eine glückliche Beziehung zu führen. Inzwischen habe ich so eine Beziehung und bin ganz glücklich damit. Vor zehn Jahren hätte ich sicher gesagt, dass er nicht der Richtige für mich ist, weil ich damals unter ›der Richtige‹ verstanden habe, dass er alle meine Erwartungen erfüllen muss. Dann sind Frust und Unmut vorprogrammiert, niemand kann unsere Erwartungen zu hundert Prozent erfüllen.«

Anne widersprach: »Mir ist das zu anstrengend. Lieber lebe ich allein, bevor ich ständig Kompromisse eingehen und Abstriche bei meinen Erwartungen machen muss.«

»Aber der Preis, den du für deine Haltung zahlst, ist hoch. Seit ich dich kenne, hattest du keine Beziehung, die länger als drei Monate gehalten hat. All deine Beziehungen endeten schmerzhaft, weil du eben nach dem Richtigen suchst. Aber da kannst du lange suchen. Inzwischen hast du echt tolle Typen abserviert, mit denen du sicher glücklich geworden wärest. Wenn du dich dafür entschieden hättest, es zu versuchen. ›It is a risk to love. What if it doesn't work out? Ah, but what if it does?‹«

Ich relativierte meine Kritik an den Podcast-Ratgebern: »Aber vielleicht ist es genau das, was die Ratgeber meinen, wenn sie sagen, dass das Glück von innen kommen muss. Glücklichsein ist eine bewusste Entscheidung, die wir treffen. Mir gefiel dein Satz eben, Corinna: ›Liebe ist eine Entscheidung.‹ Das stimmt. Ich fühle mich so nicht ausgeliefert, sondern ich habe die Kontrolle über mein Leben und darüber, ob ich jemanden lieben will, ob ich in eine Beziehung Zeit, Kraft und Geduld investieren will, ob ich mit jemandem glücklich sein will und ob ich überhaupt glücklich sein will. Das sind alles unsere Entscheidungen. Diesen Gedanken finde ich sehr sympathisch. Und wirklich hoffnungsvoll.«

So langsam musste ich mich von den beiden verabschieden, schließlich lief ich ihretwegen schon eine ganze Stunde lang in die falsche Richtung. Aus den achtzehn Kilometern bis Arzua waren nun zum Leidwesen meiner Beine etwa zwanzig geworden. Aber eines wollte ich unbedingt noch wissen: »Warum seid ihr eigentlich hier auf dem Pilgerweg? Aus religiösen Gründen?«

»Nein, Religion spielt zumindest für mich keine große Rolle. Ich …«

Anne fiel Corinna ins Wort: »Für mich auch nicht. Wir kennen uns nun schon ewig und wollten uns endlich mal Zeit nehmen, um zu reden, zu lachen und einfach gemeinsam schöne Momente zu haben. Hier auf dem Pilgerweg wird man kaum abgelenkt.«

»Und was denkt ihr so über Gott und Religion?«

Noch bevor Corinna Luft holen konnte, antwortete Anne: »Ach, es gibt sicherlich da draußen irgendwo eine große Macht, aber mit der Kirche kann ich nicht viel anfangen.«

Und Corinna sagte: »Ich glaube schon an einen Gott und hoffe, dass er mir zuhört, wenn ich mit ihm rede. Aber das mache ich sehr selten. Höchstens, wenn es einem meiner Kinder nicht so gut geht oder es krank ist. Dann spüre ich auch, wie Gott mich tröstet.«

Die Frage nach bestimmten Ritualen, denen die beiden beim Pilgern folgen, erübrigte sich. Ich sagte ihnen, dass ich etwas Zeit für mich bräuchte und deshalb eine längere Pause einlegen müsse, bevor ich weitergehen würde.

Und so konnte ich meinen Pilgerweg endlich in die für mich richtige Richtung fortsetzen.

Nach nur wenigen Schritten war es wieder ganz still. Nur nicht in meinem Kopf, da war die Stille schon wieder laut. Meine Gedanken pendelten hin und her. Auf der einen Seite stand der Mensch als Individuum, das nur für sich selbst steht, sich also um sich selbst zu kümmern hat und möglichst unabhängig von der Außenwelt, seinen Mitmenschen und den ihn umgebenden Umständen nach seinem eigenen Glück strebt. Auf der anderen Seite stand der Mensch als soziales Wesen, das Verantwortung für seine Mitmenschen und deren Befindlichkeiten übernimmt und sein eigenes Glück nicht ohne seine Mitmenschen finden kann. Der Mensch in ständiger Interaktion. Was denn nun? Sind wir nun einzelne Subjekte, die umso besser werden, je unabhängiger sie von ihren Mitmenschen sind? Oder sind wir kommunikative Wesen, deren Vollkommenheit nichts mit der emotionalen Abhängigkeit von anderen zu tun hat? Ist es legitim, sich emotional von anderen abhängig zu machen?

Während ich grübelte, kam mir Martin Bubers These in den Sinn, dass der Mensch nur »am Du zum Ich« werden könne. Der jüdische Philosoph ging weder von einer individualistischen noch von einer kollektivistischen Sichtweise aus, sondern vielmehr von einer dritten Instanz, dem »Zwischen«. Dies bezeichnet laut Buber die echte Zwischenmenschlichkeit, den Punkt, an dem sich zwei Menschen wirklich begegnen. Der Mensch sei stets auf ein Du ausgerichtet und könne erst in der Begegnung mit dem Gegenüber zu sich selbst, zum Ich, finden. Dabei verliert Buber die individuelle Dimension nie aus dem Blick: Um mit anderen Menschen in Beziehung treten zu können, bedürfe es der Selbsterkenntnis und der Selbstannahme. Erst dann könne man in eine Beziehung zu anderen treten.

Dieser Gedanke Bubers, dass jeder von uns immer auf ein Du, ein Gegenüber, ausgerichtet ist und der Mensch nur durch diese Beziehung zum Du zum eigenen Ich finden kann, würde für uns im Alltag, aber auch für unser Bildungssystem bedeuten, dass stets eine Beziehung, ein Verhältnis zum wirklichen Wesen der Dinge und somit der Gemeinschaftssinn, der Verbundenheitstrieb, gefördert werden sollte. Buber spricht von der Erziehung zum großen Charakter: Erst wenn der Mensch mit sich selbst eins sei, könne er in den Dialog mit anderen treten.

Ich fand diese Überlegungen sehr inspirierend. Ich glaube, sie könnten die Lösung für mein Entweder-oder-Dilemma – entweder das Subjekt oder das soziale Wesen – sein. »Ich muss diesen Gedanken an die Stille schreiben«, sagte ich und kramte meinen Notizblock hervor. »O, du laute Stille, ich war noch nie so sehr überzeugt davon, dass der Mensch sich seinen Mitmenschen öffnen muss, wie gerade jetzt. Wenn ich zurückblicke und mein Leben Revue passieren lasse, dann gebe ich Martin Buber recht. Erst durch meine Mitmenschen und durch die Erfahrungen mit ihnen, ob positiv oder negativ, bin ich gewachsen. Wir finden zu uns selbst, zu unserem wahren Sinn nur in der Beziehung und Hinwendung zu unseren Mitmenschen.«

Kaum hatte ich meinen Notizblock wieder in den Rucksack gesteckt, dachte ich: »So schön diese Gedanken auch sind, sie bleiben doch zu allgemein, zu abstrakt.« Ich lief weiter und bemühte mich, mit dem Nachdenken aufzuhören, bevor ich Kopfschmerzen bekommen würde. Die Schmerzen in meinen Beinen reichten. Doch sofort schossen mir neue Gedanken durch den Kopf: »Warum habe ich das Gefühl, dass ich mich gerade zum ersten Mal in meinem Leben so gut und intensiv kennenlerne? Warum war das all die Male, die ich nach Mekka gepilgert bin, nicht möglich? Was ist hier auf diesem christlichen Pilgerweg anders? Und was bedeutet Pilgern überhaupt?«

Als junger Muslim lernt man schon im Vorschulalter die sogenannten fünf Säulen des Islams kennen. Die fünfte Säule ist das Pilgern nach Mekka. Man verinnerlicht, dass man sich, um als Muslim zu gelten, irgendwann auf den Weg machen muss. Im Religionsunterricht hatten wir das Thema Pilgern gehasst. Es waren so viele Rituale, mit denen wir nichts anfangen konnten: Am ersten Pilgertag umrunden die Pilger die Kaaba siebenmal, und danach gehen sie siebenmal zwischen den beiden Hügeln in der Nähe, Assafa und al-Marwa, hin und her. Diese liegen etwa 450 Meter auseinander. Dabei spricht man Gebete und Lobpreisungen.

Dieses Hin und Her zwischen den beiden Hügeln geht auf eine Legende zurück, die sich auf Hagar bezieht, die Magd Abrahams und Mutter Ismaels. Nach der islamischen Tradition wurde Abraham von Gott beauftragt, Hagar und ihren neugeborenen Sohn Ismail, nur mit dem Nötigsten versehen, allein in der Wüste zwischen Assafa und al-Marwa zurückzulassen. Als ihnen der Proviant ausging, machte sich Hagar auf die Suche nach Wasser. Sie legte Ismail auf den Boden und bestieg den näher gelegenen Hügel, Assafa, um von dort aus Ausschau zu halten. Als sie nichts fand, lief sie zum anderen Hügel, al-Marwa, und hielt auch hier Ausschau. Wenn sie auf einem der beiden Berge war, konnte sie Ismael sehen und wusste, dass es ihm gut ging, wenn sie sich jedoch im Tal zwischen den Bergen befand, war das nicht möglich. Und so kam es, dass sie schnell lief, wenn sie sich im Tal befand, und im normalen Tempo, während sie emporkletterte. Siebenmal lief sie diesen Weg in der brütenden Hitze. Als Ismail mit seinem Fuß den Sand wegtrat, entsprang an der Stelle eine Wasserquelle, heute bekannt als Zamzam-Quelle.

Später wurde dieses siebenmalige Hin-und-her-Gehen beziehungsweise -Laufen zwischen den beiden Hügeln mit anschließendem Trinken aus der Zamzam-Quelle zu einem festen Bestandteil der Pilgerfahrt, der bis heute von Pilgern eingehalten wird. Am zweiten Tag der Pilgerfahrt, also am neunten Tag des arabischen Pilgermonats Dhu l-hiddscha, der als der zwölfte und somit letzte Monat im arabischen Mondkalender gilt, findet das zentrale Ritual der islamischen Wallfahrt statt: das Verweilen auf der Ebene von Arafat. Bei Arafat handelt es sich um eine Ebene rund zwanzig Kilometer südöstlich von Mekka. Ohne die Teilnahme an der Verweilzeremonie in Arafat hat die islamische Wallfahrt keine Gültigkeit. Am nordöstlichen Rand liegt der 61 Meter hohe Berg ar-Rahma (Berg der Barmherzigkeit, auch als Berg von Arafat bekannt). Um vor der Sonne Schutz zu bieten, werden für den Arafat-Tag Zelte aufgeschlagen. Während dieses Tages befinden sich alle Pilger in der Ebene von Arafat beziehungsweise auf dem Berg der Barmherzigkeit. Der Prophet Mohammed soll gesagt haben, dass den Pilgern an dem Tag all ihre Sünden vergeben werden. Nichtpilger sind angehalten, an dem Tag zu fasten, dann würden auch ihnen all ihre Sünden vergeben.

Man kann sich vorstellen, dass dieser Tag für die Mehrheit der Muslime weltweit sehr emotional ist und dass an ihm, zumindest in religiösen Familien, intensiv gebetet wird. Pilger halten sich bis zum Sonnenuntergang in Arafat auf und begeben sich anschließend nach Muzdalifa. Dabei handelt es sich um eine Ebene, wenige Kilometer von Arafat entfernt. In der Muzdalifa übernachten die Pilger unter freiem Himmel. Kurz vor Sonnenaufgang am zehnten Dhu l-Hiddscha erfolgt der Aufbruch nach Mina, einer anderen Stadt ganz in der Nähe. Dort wird der Ritus der symbolischen Steinigung des Teufels vollzogen: Sieben kleine Steine werden auf eine Säule geworfen, die den Teufel symbolisiert. Anschließend rasieren sich die männlichen Pilger das Haupthaar oder kürzen es, die Frauen schneiden sich eine Haarsträhne ab, als symbolisches Zeichen für den Neubeginn eines sündenfreien Lebensabschnitts.

Ich hatte bei meiner Pilgerfahrt nach Mekka erlebt, wie viele Gläubige die Steinigung des Teufels alles andere als symbolisch auffassten. Obwohl geboten ist, lediglich kleine Steine in der Größe einer Bohne zu verwenden, bringen manche Pilger große Steine mit, andere werfen Schuhe auf die Säule, um so dem Teufel möglichst großen physischen Schmerz zuzufügen. Einen Pilger sah ich, der mindestens zwanzig Steine und Schuhe auf die Säule warf und in höchster Wut schrie: »Verflucht seist du! Du bist schuld daran, dass meine Frau mich verlassen hat!!« Ein anderer schrie: »Warte ab, was Gott im Jenseits mit dir machen wird, du wirst in der Hölle schmoren, deinetwegen bin ich seit

Jahren arbeitslos!!« Eine Frau beschwerte sich: »Wie konntest du nur meinen lieben Mann verführen, eine zweite Frau neben mir zu heiraten?! Verflucht seist du!« Man hört vor der Säule viele solcher und ähnlicher Flüche über den Teufel.

Anfangs machte ich mich darüber lustig, da ich die ganze Idee der Existenz eines Teufels als personales Wesen in Zweifel ziehe. Nach meinem Verständnis handelt es sich beim Teufel um eine Metapher für das Böse in uns und der Welt. Dazu gehören auch die negativen Energien, die wir freisetzen und die uns und anderen sogar physische Schäden wie Krankheiten zufügen. Inzwischen konnte ich jedoch die Erfahrung machen, dass dieses Delegieren von Wut und Frust auf ein anonymes Wesen namens Teufel zu einer raschen Wiederherstellung des sozialen Friedens beiträgt. Statt auf die betroffene Person wütend zu sein, sieht man in ihr ein Opfer teuflischer Verführung. Für das Übel in der Welt ist stets der Teufel verantwortlich, nicht wir Menschen.

Er dient allerdings nicht nur Opfern von Ungerechtigkeiten als Ventil für ihren Frust, sondern zugleich auch Tätern, die sich der eigenen Verantwortung entziehen wollen. Nach dem Motto: »Ich kann nichts dafür, dass ich meine Frau betrogen habe, es war dieser verfluchte Teufel, der mich manipulierte.«

Rechnet man sieben Steine pro Pilger, dann bekommt der Teufel bei etwa zwei Millionen Pilgern jährlich mächtig eins auf den Deckel. Neben der ersten Säule oder, anders gesagt, neben dem ersten Teufel stehen zwei andere, die an den beiden folgenden Tagen ebenfalls mit je sieben Steinen beworfen werden. Der Teufel scheint allerdings diese gewaltige Menge an steiniger Munition Jahr für Jahr unbeeindruckt zu überleben. Bleibt nur zu hoffen, dass durch diesen symbolischen Akt zumindest das Böse in einem selbst überwunden wird. Als Pilger kann man sich ins Bewusstsein rufen, dass diese geworfenen Steine für alle Lasten des Lebens stehen. Man legt sie in Mekka ab und dort sollen sie auch für immer bleiben, nicht mehr auf den eigenen Schultern.

Danach, noch am zehnten Dhu l-Hiddscha, werden Opfertiere geschlachtet, wobei die Pilger nur einen kleinen Teil für sich behalten und den Rest den Armen überlassen. Dieser Tag, das Opferfest, ist der höchste islamische Feiertag. In der Folge kehren die Pilger nach Mekka und zur Kaaba zurück und vollziehen den sogenannten Tawaf. Dabei wird die Kaaba erneut siebenmal entgegen dem Uhrzeigersinn umschritten. Darauf erfolgt ebenfalls erneut der siebenmalige Gang zwischen den beiden Hügeln Safa und Marwa. In den nächsten beiden Tagen findet noch einmal der Ritus der symbolischen Steinigung des Teufels statt.

Als Schüler kann man mit all diesen Details und Örtlichkeiten nichts anfangen. Als ich im Jahre 1997 zum ersten Mal zum Pilgern nach Mekka flog, besorgte ich mir eine Broschüre, in der alles idiotensicher erklärt war. Die meisten Pilger pilgern in Gruppen, man bucht eine Reise mit einem Führer. Dieser ist in der Regel ein Gelehrter, der für alle Anweisungen und Fragen zur Verfügung steht. Leider kann man sich seinen Führer nicht aussuchen, er wird vom Reiseunternehmen festgelegt. Bei meiner ersten Pilgerreise hatte ich Pech mit dem Gelehrten. Ich empfand es als sehr übertrieben, wie stark er auf äußere Details fokussiert war. Zum Beispiel hielt er einen langen Vortrag darüber, wie man die Hände beim rituellen Gebet auf dem Bauch richtig übereinanderlegt. Die linke Hand soll genau auf dem Bauch liegen, einen halben Zentimeter über dem Nabel, auf der linken Hand liegt dann die rechte. Und er erklärte, wo genau die Finger der rechten Hand auf der linken zu liegen haben. Wieder und wieder demonstrierte er dies mit seinen eigenen Händen.

Was für ein Gottesbild muss ein solcher Gelehrter haben? Spielt es für Gott überhaupt eine Rolle, wo unsere Finger sind?

Richtet er uns am Gerichtstag danach, wo wir unsere Hände und Finger beim Gebet hatten? Dieser Gelehrte hätte solche Fragen höchstwahrscheinlich bejaht, schließlich widmete er dem Thema ganze vierzig Minuten. Problematisch ist nur, dass er als Gelehrter eine gewisse Autorität besitzt. Die meisten Pilger sind Laien, sie lesen nicht selbst im Koran oder in den islamischen Quellen und verlassen sich auf das, was ihnen von solchen Autoritäten vermittelt wird. Dadurch festigt sich in ihren Köpfen ein solches Gottesbild, das sie auch an ihre Kinder weitergeben. Kein Wunder, dass im Islam, wie er von vielen Muslimen verstanden und praktiziert wird, die Gott-Mensch-Beziehung von Unterwerfung und Restriktionen geprägt ist anstatt von Liebe und Vertrauen. Ich frage mich manchmal, wie viel Gott noch im heutigen Islam steckt. Denn viele Muslime nehmen den Islam als eine Art Gesetzesreligion wahr. Darin geht es um Pflichterfüllung, um Gesetze, um Restriktionen. Das ist für mich ein Islam ohne Beziehung, ein Islam ohne Herz, ohne Liebe.

»O, du laute Stille, was muss geschehen, damit meine Religion zu einer Quelle von Liebe, Barmherzigkeit, Bildung, Moral und Empathie wird? Welche Reformen benötigt der Islam, und was genau muss reformiert werden? Und wie?«

Langsam wurde mir ein wesentlicher Unterschied zwischen dem Pilgern auf dem Jakobsweg und dem Pilgern nach Mekka klar. Interessanterweise bewegte sich dieser Unterschied entlang meiner Frage nach dem Menschen als Individuum und dem Menschen als Teil eines Kollektivs. Die Menschen, mit denen ich bisher auf dem Jakobsweg gesprochen hatte, meinten, sich an keine bestimmten Regeln und Rituale halten zu müssen. Jede Person schien ihren Weg individuell zu gestalten. Hinzu kam, dass sie alle ihrem Weg einen eigenen Sinn verliehen. In Mekka ist wiederum so gut wie alles vorgegeben. Sowohl Regeln als auch klar beschriebene Rituale stehen fest. Die meisten pilgern dort in gut organisierten Gruppen mit einem Gruppenleiter. Gerade Laien, die sich nicht auskennen, sind sehr auf seine Anweisungen angewiesen.

Der Sinn der Pilgerreise nach Mekka liegt für viele Muslime in der Erfüllung der fünften Säule des Islams. In einem Spruch des Propheten Mohammed heißt es nämlich, dass jeder Muslim das islamische Glaubensbekenntnis sprechen solle: Ich bezeuge, dass es keine andere Gottheit außer Gott gibt, und ich bezeuge, dass Mohammed der Gesandte Gottes ist. Jeder Muslim soll darüber hinaus fünfmal am Tag beten, im Monat Ramadan fasten, die jährliche soziale Pflichtabgabe zahlen. Dies ist eine Art Spende an Arme und für karitative Zwecke. Das sind zusammen mit der Pilgerfahrt die sogenannten fünf Säulen des Islams.

Bei der Pilgerfahrt heißt es, dass diese nur für diejenigen einmal im Leben verpflichtend ist, die gesund sind und sich diese Reise finanziell leisten können. Viele Muslime sparen daher über viele Jahre, um irgendwann nach Mekka pilgern zu können. Als ich im Jahre 1997 in Mekka war, lernte ich einen alten indonesischen Mann kennen, der in Begleitung seiner Frau auf der Pilgerfahrt war. Er erzählte mir, dass die beiden ganze dreißig Jahre gespart hatten, um sich diese Reise leisten und die fünfte Säule des Islams erfüllen zu können. Die Erfüllung dieser fünften Säule des Islams stellt somit das Hauptmotiv dar, um nach Mekka zu pilgern. Beim Jakobsweg handelt es sich hingegen um eine individuelle Entscheidung, jenseits von vorgeschriebenen Pflichten. Irritierend blieben für mich dennoch meine bisherigen Begegnungen mit Menschen, die nicht gerade aus religiösen Gründen auf dem Jakobsweg pilgern. Oder lag es womöglich an mir, Religion sehr eng, vielleicht zu eng, zu fassen?

Ich tue mich dennoch schwer damit, Gott von einem Pilgerweg auszuklammern. Ist allerdings die reine Pflichterfüllung als

Motiv zum Pilgern, wie dies bei vielen Muslimen der Fall ist, nicht auch eine Art, Gott auszuklammern? Wobei ich dieses Ausklammern Gottes bei der muslimischen Pilgerfahrt nicht pauschalisieren will. Ich habe selbst erlebt, wie muslimische Pilger mit demütigen Herzen mit Gott redeten.

Ich erinnere mich an die Beschreibung meines Religionslehrers einer geheimnisvollen Fläche der Kaaba, die man als Multazam bezeichnet: »Das ist die Fläche zwischen dem schwarzen Stein und der Türe der Kaaba. Pilger beten bei dem Multazam stehend zu Gott, legen dabei ihre Handflächen, ihre Brust und ihre rechte Wange darauf – als Zeichen der Demut und Bedürftigkeit nach Gottes Gnade, aber auch als Zeichen der Ganzheitlichkeit des Menschen, der zugleich Kopf und Herz, Körper und Seele ist. Diese kleine Fläche zwischen dem schwarzen Stein und der Tür der Kaaba ist eine Art Tor zur Transzendenz, zum Jenseits. Dort fallen viele Hüllen zwischen dem Herzen und Gott, dort kann jeder seine Grenzen überschreiten und erkennen, dass die Existenz viel größer ist als diese unsere Welt. Dort öffnet sich die Vernunft dem Herzen und das Herz der Vernunft. Unser Prophet Mohammed versprach, dass jedes beim Multazam von Herzen gesprochene Gebet früher oder später erfüllt wird. Aber die wenigsten kennen den Multazam und seine Besonderheit. Er ist ein Ort von dieser und jener Welt zugleich.«

Als ich im Jahre 1997 in Mekka war, eilte ich gegen drei Uhr in der Früh zum Multazam, dorthin, wie es mein Religionslehrer beschrieben hatte. Und obwohl es nicht viele Pilger gab, die zu dieser Uhrzeit die Kaaba umrundeten, war der Multazam mit Männern und Frauen gefüllt, die ihre Hände, ihre Brust sowie ihre rechte Wange auf die Wand legten und Bittgebete sprachen. Tränen liefen über ihre Wangen und tropften auf den Boden. Eine erhabene Situation. Noch nie zuvor hatte ich Menschen mit so ergriffenem Herzen voller Demut beten gesehen. Ich fühlte mich ganz klein neben ihnen. »Schau, wie nah sie Gott sind«, sagte ich mir, »schau, mit wie viel Demut und Ergriffenheit sie mit Gott reden.« Man kann also sagen, dass das Ziel einer islamischen Pilgerreise Gott ist, auch wenn es um eine Art Pflichterfüllung geht. Es handelt sich um eine Pflichterfüllung Gott gegenüber.

Die islamische Pilgerfahrt beginnt am achten Tag des Monats Dhu l-Hiddscha. An diesem Tag ziehen die Männer einfache Kleider an, die denen ähneln, in die die Toten gewickelt werden, um sich so den Übertritt in das jenseitige Leben ins Bewusstsein zu rufen. Es heißt, die Pilgerfahrt soll daran erinnern, dass sich der Mensch in dieser Welt auf einer Reise befindet. Der Koran spricht diese Reise an und erinnert daran, dass, ähnlich, wie sich der Reisende mit Wegzehrung versorgt, auch der Mensch sich auf seiner Lebensreise versorgen soll – und zwar mit Frömmigkeit. In Sure 2, Vers 197 heißt es: »Wer sich auf dem Weg zur Pilgerfahrt befindet, der enthalte sich sehr wohl der sinnlichen Begierde, frevle nicht noch streite während der Wallfahrt. Und was ihr an Gutem tut, Gott weiß es sehr wohl. Und versorgt euch mit Wegzehrung, doch: Die Frömmigkeit ist die beste Wegzehrung.« Einer der Sprüche meines Religionslehrers, den er oft wiederholte, lautete: »Das Leben auf der Erde ist nur eine Station, danach geht es weiter. Und wie es weitergeht, hängt davon ab, wie man sein Leben und vor allem sein Inneres hier auf der Erde gestaltet und geformt hat.«

Im Volksglauben ist verbreitet, dass man gegen Ende seines Lebens pilgern gehen sollte, damit man durch die Pilgerfahrt in den Zustand versetzt wird, in dem man sich am Tag seiner Geburt befunden hat, damit also alles wieder auf null gesetzt wird. Dann ist man bereit für den Tod, nun kann nicht mehr viel schieflaufen, die Sünden wurden vergeben, und das Paradies wartet.

Dieses Verständnis deckt sich allerdings keineswegs mit der koranischen Vorstellung, dass es bei der Läuterung des Menschen und der Vergebung der Sünden nicht um eine Momentaufnahme geht, sondern um einen Prozess, in dessen Verlauf der Mensch hart an sich arbeiten und Gutes leisten muss. Der Koran sagt an keiner Stelle, dass man sündigt und dann einfach nach Mekka zur Pilgerfahrt fährt, wo alles vergeben wird. Der Koran spricht vielmehr davon, dass Gott zwar alle Sünden vergibt und es somit keinen Grund zur Verzweiflung gibt, ganz egal, was der Mensch angestellt hat: »O meine Diener, die ihr euch maßlos gegen eure eigenen Seelen verhalten habt, verzweifelt nicht an Gottes Barmherzigkeit! Gott vergibt die Sünden allesamt. Er ist der unübertrefflich Vergebende, der Barmherzige.« (Koran 39:53) Aber man muss sich dafür verändern, seine Beziehung zu Gott überdenken und das Schlechte, das man durch sein Handeln hervorgerufen hat, durch gute Werke ausgleichen beziehungsweise wiedergutmachen.

Dieses Nachdenken über sich und seinen Lebensentwurf setzt allerdings eine Reise nach innen voraus. Ich kann mir sehr gut vorstellen, dass das Pilgern nach Mekka früher diese Zielsetzung besser erfüllen konnte als heute. Früher, bevor es Flugzeuge und Autos gab, pilgerten die Menschen je nach Herkunftsland Wochen oder sogar Monate, bis sie Mekka erreichten. Jeder hatte während dieser langen Reise ausreichend Zeit, in sich zu gehen. Ich kann mir sehr gut vorstellen, dass die laute Stille die muslimischen Pilger früher genauso stark herausgefordert hat wie mich jetzt auf dem Jakobsweg. Heute reisen die meisten Pilger mit dem Flugzeug nach Mekka, dort ist es dann vorbei mit der Stille. In Mekka starten die klar festgelegten Pilgerrituale. Die laute Stille ist inzwischen abhandengekommen.

Die Kraft der Dankbarkeit

Ich musste endlich mit dem Denken aufhören. Also nahm ich mir vor, einfach die Natur, die vielen Bäume um mich herum wahrzunehmen und mich in ihrer Welt zu verlieren. Es dauerte allerdings nicht lange, bis mir ein Mann in einem Pilger-T-Shirt entgegenkam, der sich anscheinend kaum noch auf den Beinen halten konnte. Er sah zwar aus wie ein Pilger, aber sein schwerer Gang sprach dagegen. Unsere Blicke trafen sich. Er lächelte mich an. Ich erwiderte sein Lächeln und fragte ihn freundlich: »Darf ich Sie etwas fragen?«

»Aber sehr gerne!«

»Sind Sie als Pilger in Richtung Santiago de Compostela unterwegs?«

Er erwiderte fröhlich: »Aber klar, mein Sohn! Bist du auch ein Pilger? Bald haben wir es geschafft, es sind nicht mehr viele Kilometer. Aber du siehst, ich bin sehr langsam. Umso mehr freue ich mich, bald am Ziel zu sein.«

Ihm war gar nicht aufgefallen, dass ich den umgekehrten Weg ging. Zu sehr war er herausgefordert, sich auf den Beinen zu halten. Die Frage, warum er pilgere, obwohl er kaum gehen konnte, lag mir zwar auf der Zunge, aber ich wollte nicht unsensibel sein. Deshalb fragte ich erst einmal: »Woher kommen Sie?«

»Von den Philippinen.«

»Seit wann sind Sie schon unterwegs?«

»Seit etwa achtzig Tagen. Ich bin in Frankreich gestartet, aber ich brauche deutlich länger als die meisten, da ich nur mit diesen Gehhilfen hier gehen kann. Für heute habe ich mir allerdings fest vorgenommen, mindestens zehn Kilometer zu schaffen. Ich muss nur schauen, dass ich vor Sonnenuntergang im Hotel ankomme.«

»Ich weiß, es geht mich nichts an, aber darf ich fragen, warum Sie sich das antun? Ich meine, Pilgern trotz dieses Handicaps?«

»Oh, mein Sohn, das ist eine lange und komplizierte Geschichte. Vor sieben Jahren hatte ich einen schrecklichen Autounfall. Meine geliebte Frau saß neben mir auf dem Beifahrersitz. Sie hat den Unfall leider nicht überlebt. Ich schon, allerdings lag ich fünf Jahre lang mit einer halbseitigen Lähmung im Bett. Ich musste das Laufen erst langsam wieder lernen. Und um Gott zu danken, habe ich mich entschlossen, die ganze Strecke von Frankreich nach Santiago de Compostela zu pilgern.«

Für einen Moment war ich sprachlos. »Das tut mir leid zu hören. Das ist eine Tragödie.«

»Es war eine überaus schwere Phase in meinem Leben, aber meine intensiven Gespräche mit Gott haben mir sehr geholfen. Am Anfang sah ich keinen Sinn mehr darin, weiter in dieser Welt zu existieren. Ich habe so stark an meiner Frau gehangen. Wir waren etwa vierzig Jahre miteinander verheiratet und haben alles, aber wirklich alles gemeinsam gemacht. Ich kannte das Leben nicht anders als mit ihr an meiner Seite.«

»Nach dem Unfall mussten Sie ein neues Leben beginnen.«

»Im ersten Jahr nach dem Unfall war nicht einmal klar, ob ich jemals wieder auf meinen Beinen würde stehen können. Auch das war ein großer Schock, den ich irgendwie verarbeiten musste.«

»Ich kann Sie sehr gut verstehen. Sie haben schreckliche Zeiten hinter sich. Allein der plötzliche Verlust eines geliebten Menschen, mit dem man so viele Jahre verbracht hat, der, wie Sie es beschreiben, sogar Teil von einem selbst geworden ist, ist ein gravierender Einschnitt. Dies würde nicht jeder emotional überleben.«

»Ja, mein Leben nach dem Unfall war nicht mehr dasselbe wie zuvor. Ich musste in den letzten Jahren lernen, wieder nach vorne zu schauen.«

»Sie haben vorhin etwas gesagt, das ich nicht ganz verstanden habe. Sie sagten, Sie pilgern nach Santiago de Compostela, um Gott zu danken. Darf ich fragen, wofür Sie Gott danken? Ich meine, Sie haben Ihre Frau verloren und leiden bis heute unter dem Unfall, sicher nicht nur gesundheitlich. Andere würden nach einem solchen Erlebnis wütend auf Gott sein oder nichts mehr von ihm wissen wollen.«

»Gott kann nichts für den Unfall. Er hat ihn ja nicht verursacht. Es war der betrunkene Fahrer, der uns frontal ins Auto gekracht ist. Warum soll ich mich über Gott ärgern? Im Gegenteil, ich bin dankbar, dass ich noch lebe. Und darum wollte ich pilgern: um Gott für all die schönen Momente in meinem Leben zu danken. Wissen Sie, ich hatte ein schönes und erfülltes Leben mit meiner Frau. Wir waren vierzig Jahre glücklich zusammen. Heute bin ich 75 Jahre alt und habe zwei wunderbare Söhne und eine wunderbare Tochter. Und während ich hier so gehe, schaue ich immer wieder hinauf in den Himmel und rede mit meiner Frau. Ich bin mir ganz sicher, sie ist irgendwo da oben und begleitet mich auf diesem Weg. Ich pilgere also nicht allein, sie ist die ganze Zeit bei mir.«

Vergeblich versuchte ich, meine Tränen zurückzuhalten. Diese dankbare Haltung des Philippiners trotz eines so schweren Schicksalsschlags – das war alles andere als selbstverständlich. Er bemerkte meine Ergriffenheit und versuchte, mich zu trösten: »Junger Mann, glauben Sie mir, mein Glaube gibt mir viel Halt im Leben. Ich weiß, dass es einen Gott gibt, der es gut mit uns meint. Und ich bin mir ganz sicher, dass meine Frau sich da oben mit mir und den Kindern freut. Sie ist uns in den Himmel vorausgegangen, aber wir kommen irgendwann nach. Ich wüsste nicht, wie ich das alles ohne den tiefen Glauben an Gott und seine Gnade überstehen sollte.«

In diesem Moment hatte ich das Bedürfnis, ihn zu umarmen: »Darf ich Sie in den Arm nehmen?«

Mit einem breiten Lächeln erwiderte er: »Aber sehr gerne, mein Sohn, komm her!«

Er breitete seine Arme aus und drückte mich fest an sich. In diesem Moment liefen auch ihm die Tränen über das Gesicht. Ich fühlte eine innige Verbundenheit. Eine Verbundenheit mit einem Mann, den ich vor zehn Minuten zum ersten Mal in meinem Leben gesehen hatte. Ich nahm mein Armband ab und legte es auf seinen Arm.

»Wollen wir nicht einige Meter gemeinsam pilgern, mein Sohn?«

»Das darf doch nicht wahr sein«, dachte ich, »ich bin doch heute schon mal in die falsche Richtung gelaufen!« Aber mein neuer Freund konnte ja nicht ahnen, dass ich in die andere Richtung pilgerte. Gut, seine Geschichte war so herzergreifend, dass ich beschloss, ein paar Meter mit ihm zu gehen. Das würde ihm sicherlich guttun. Dann konnte ich ihm auch erzählen, dass ich im Grunde genommen auf dem Rückweg war. Wie gut nur, dass meine Beine nicht sprechen konnten, die hätten sonst laut protestiert.

»Aber gern«, sagte ich.

Wir gingen gemeinsam los, und ich nutzte den Weg, um meinem neuen Freund ein paar Fragen zu stellen. Ja, sicher, ich wusste fast nichts über ihn, aber irgendwie spürte ich vom ersten Augenblick an eine gewisse geistige Verbundenheit. Außerdem war ich regelrecht begeistert, endlich jemanden getroffen zu haben, der offensichtlich einen starken Bezug zu Gott hatte.

»Wie kommt es, dass du so religiös bist?«, fragte ich ihn.

»Ich bin in einer sehr religiösen Familie aufgewachsen.«

»Auf den Philippinen?«

»Ja. Bei uns sind etwa neunzig Prozent der Bevölkerung Christen. Die Mehrheit gehört der römisch-katholischen Konfession an, so auch meine Familie. Die katholische Kirche ist bei uns übrigens stark durch eine spanisch-katholische Tradition geprägt. Ich will dich aber nicht mit historischen Details langweilen. Welcher Religion gehörst du an?«

»Ich bin Muslim.«

»Interessant, auf den Philippinen sind etwa fünf Prozent der Bevölkerung Muslime.«

Zum Glück fragte er mich nicht, wieso ich mich als Muslim auf dem Jakobsweg befand. Er interessierte sich viel mehr für meine Herkunft:

»Und woher kommst du?«

Diese Frage ist erfahrungsgemäß nicht leicht zu beantworten. So entschied ich mich für die Kurzfassung: »Meine Eltern stammen aus Palästina. Sie sind Palästinenser, die 1948 in den Libanon vertrieben wurden. Ich selbst bin im Libanon geboren. Meine Eltern sind dann Ende der 1960er-Jahre nach Saudi-Arabien umgezogen, weil mein Vater dort einen Job gefunden hat. Nach dem Abi bin ich zum Studieren nach Österreich gegangen. Und dort habe ich vier Jahre später als damals staatenloser Palästinenser die österreichische Staatsbürgerschaft erhalten. Seit 2010 lebe und arbeite ich allerdings in Deutschland.«

»Oha. Bei dir kann man ja echt nicht sagen, woher du wirklich kommst. Welches Land würdest du als deine Heimat bezeichnen? Ich nehme an, Palästina, oder?«

»Falsch. Ich kenne Palästina gar nicht. Ich höre nur immer von meinen Eltern, dass wir angeblich Palästinenser sind. Meine Eltern hätten die Frage wahrscheinlich sofort und ohne viel Nachdenken beantwortet: ›Klar, wir sind Palästinenser.‹ Ich erzähle dir eine lustige Begegnung, die ich vor etwa zehn Jahren in Jerusalem hatte.«

»Ich bin sehr gespannt.«

»Ich wurde damals eingeladen, nach Jerusalem zu kommen, um ein Seminar über den Islam zu halten. Das war im Rahmen des theologischen Studienjahres, das jedes Jahr ca. zwanzig deutschsprachigen Theologiestudierenden ermöglicht, in Jerusalem zwei Semester in deutscher Sprache zu studieren. Das war meine erste Reise nach Palästina. Ich habe mich besonders auf das Freitagsgebet in der Al-Aqsa-Moschee gefreut. Neben den Moscheen in Mekka und Medina im heutigen Saudi-Arabien gilt sie als die dritte heilige Moschee im Islam. Ich saß also in der Moschee, umgeben von vielen palästinensischen Männern, die ebenfalls zum Freitagsgebet dort waren. Ich sagte mir: ›Jetzt bist du endlich in deiner Heimat, umgeben von deinen Landsleuten.‹ Meine Freude währte aber nicht lange. Unmittelbar nach dem Gebet schaute mich ein Mann an, der neben mir auf dem Gebetsteppich saß, und fragte auf Englisch: ›Where do you come from?‹ Sowohl die Frage als auch die Sprache haben mich in dem Moment zutiefst irritiert und gleichzeitig hart getroffen. Ich dachte: Ich bin einer von euch, liebe Landsleute. Und ausgerechnet ihr fragt mich nun, woher ich komme?! Und das nicht einmal in unserer Muttersprache?! Das war ein Schlag ins Gesicht, und mir wurde klar: ›Du gehörst nicht hierher.‹ Ich habe dem Mann höflich geantwortet: ›I come from Germany.‹ Was sollte ich ihm sonst sagen? Aber ich habe bewusst auf Arabisch weitergesprochen: ›Ich kann aber auch Arabisch. Meine Eltern sind Palästinenser.‹ Er antwortete mir auf Arabisch, aber in einem etwas abfälligen Ton: ›Ich verstehe, deine Eltern sind also Palästinenser, aber du bist Deutscher.‹ Ein kurzes Kopfnicken, und damit war die Unterhaltung für mich beendet. Ich weiß, dass nicht wenige Palästinenser Deutschland mit Hitler assoziieren und ihm sogar huldigen. Und bevor ich mich in ein unangenehmes politisches Gespräch verwickeln lasse, gehe ich lieber weiter. Der Mann hat mich ohnehin nicht wirklich ernst genommen. Diese Begegnung war für mich eine Art Wachrütteln. Und das war nicht die einzige.«

»Erzähl weiter.«

»In den palästinensischen Restaurants in der Altstadt von Jerusalem sind zum Beispiel nirgends Preise angegeben, da für Touristen grundsätzlich andere Preise gelten als für Einheimische. Ich habe jedes Mal die Rechnung für Ausländer bekommen, also die mit den höheren Preisen. Als ich eine handgemachte Vase kaufen wollte, hörte ich den Verkäufer zu seinem Kollegen sagen: ›Der lebt in Europa, sag ihm den anderen Preis.‹ Der palästinensische Dialekt war für mich nicht immer leicht zu verstehen. Solche und ähnliche Erlebnisse haben mir immer wieder gezeigt: ›Du gehörst nicht hierher! Du bist kein Palästinenser!‹ Was aber der Gipfel war: Vor jedem Außentor der Al-Aqsa-Moschee sitzen israelische Polizisten. Sie sorgen dafür, dass nur Muslime in die Moschee gehen. Eigentlich hocken sie dort die ganze Zeit entspannt da, unterhalten sich und trinken Tee, während die Menschen kommen und gehen. Das änderte sich jedes Mal, wenn sie mich schon von Weitem sahen. Sofort standen sie auf und brachten ihre Maschinengewehre in Stellung. Als ich mich ihnen näherte, fragte ein Polizist auf Englisch: ›Sprichst du Arabisch?‹ Danach kam die Frage: ›Bist du ein Muslim?‹ Dann forderte er mich auf, ich solle die erste Sure aus dem Koran, die al-Fatiha, die man in jeder Gebetseinheit rezitiert, vortragen.«

Der Mann von den Philippinen unterbrach mich verwundert: »Moment, der israelische Polizist hat dich aufgefordert, etwas aus dem Koran vorzutragen?!«

»Ja, genau! Das hat mich auch gewundert. Er kannte die al-Fatiha sehr gut, er hätte also genauso ein Muslim sein können. Al-Fatiha ist die bekannteste Sure im Koran, sie besteht aus sieben Sätzen und ist für Muslime etwa wie das Vaterunser für Christen.«

»Ja, und dann?«

»Sobald man die al-Fatiha vorträgt, darf man in die Moschee. Das ist sozusagen der Beweis dafür, dass man ein Muslim ist.«

»Das muss aber frustrierend für dich sein, oder? Ist das nicht erniedrigend?«

»Ich habe das ganz entspannt gesehen. Mir war klar, dass die Polizisten die Moschee vor Randalierern schützen sollten. Deshalb mussten sie sicherstellen, dass nur Muslime Zugang haben. Offensichtlich fiel ich den Polizisten durch meine Kleidung auf, die anders war als die der Einheimischen. Irgendwann fand ich es sogar lustig, dass ein Professor der Islamischen Theologie von israelischen Polizisten geprüft wurde, ob er die erste Sure aus dem Koran richtig wiedergeben kann. Einmal habe ich sogar versucht, einem katholischen Kollegen aus Deutschland, der wegen seiner blonden Haare und den blauen Augen ganz offensichtlich kein Einheimischer war, die al-Fatiha auf Arabisch beizubringen, um ihm zu helfen, sich als Muslim auszugeben. Aber trotz mehrerer Versuche ist er jedes Mal gescheitert, er durfte nicht in die Al-Aqsa-Moschee.«

Anscheinend hatte ich bei meinem Gesprächspartner einen Nerv getroffen. Er machte eine für mich sehr unangenehme und höchst problematische Bemerkung: »Aber Palästina wurde doch 1948 durch die Israelis okkupiert. Es ist das Recht der

Palästinenser, hier zu protestieren. Al-Aqsa gehört den Palästinensern. Deshalb befürworte ich, was Hitler mit den Juden gemacht hat.«

Mir stockte der Atem. Ich kenne solche radikalen Haltungen von nicht wenigen Arabern, ja sogar von meinem eigenen Vater. Daher reagiere ich auf solche Aussagen schnell allergisch. Aber dass jemand von den Philippinen so denkt?! Das hatte ich nicht erwartet.

»Dass Palästinenser das Recht haben zu protestieren, ist eine Sache, aber was hat das mit Hitler zu tun? Das verstehe ich nicht.«

»Die Juden haben viel Unheil in der Welt verursacht, und das machen sie seit einigen Jahren auch in Palästina. Die Palästinenser haben also das Recht, sich zu wehren.«

»Bei allem Respekt: Es ist höchst problematisch, was du sagst! Die Anhänger einer ganzen Religion so herabzusetzen, ist für mich inakzeptabel. Ich will als Muslim auch nicht ständig als Terrorist bezeichnet werden. Gerade im Westen werden wir Muslime von den Rechtspopulisten pauschal verdächtigt, Islamisten zu sein, unsere Frauen zu diskriminieren, die Scharia einführen und Europa islamisieren zu wollen und so weiter. Die Liste ist lang. Durch solche Pauschalverurteilungen entsteht Hass gegen eine ganze Gruppe von Menschen. Und alles, was sie vermeintlich verbrochen haben, ist lediglich ihre Zugehörigkeit zu dieser oder jener Religion.«

»Mich wundert, dass gerade du als Palästinenser nicht hinter deinem Volk stehst.«

»Noch einmal: Der politische Konflikt im Nahen Osten ist eine Sache, ein pauschaler Judenhass eine andere. Ich sage dir etwas, und jetzt spreche ich als muslimischer Theologe: Weißt du, dass es den Islam ohne das Judentum nie gegeben hätte? Als der Prophet Mohammed im siebten Jahrhundert in Mekka begann, den Monotheismus zu verkünden, berief er sich vor allem auf Moses. Er argumentierte, dass seine Botschaft die gleiche sei wie die von Moses. Mohammed übernahm damals sogar die Gebetsrichtung nach Jerusalem, die Speisevorschriften der Juden, weshalb wir Muslime übrigens auch kein Schweinefleisch essen, und er orientierte sich an der Botschaft Mose. Denn die war damals auf der Arabischen Halbinsel nicht unbekannt. Das Judentum diente also als Grundlage für die Verkündigung Mohammeds, immer wieder berief er sich darauf. So nah sind sich die beiden Religionen Islam und Judentum. Politische Konflikte im Nahen Osten dürfen daher nicht als religiöse Konflikte umdeklariert werden, im Gegenteil, gerade die Anhänger der drei monotheistischen Religionen sollten deren Friedenspotenziale laut kommunizieren.

Leider sieht die Realität anders aus. Als ich 2012 zum ersten Mal in Jerusalem war, war ich zutiefst enttäuscht. Ich hatte erwartet, dass gerade hier die Anhänger der Religionen gegenseitige Solidarität und Geschwisterlichkeit zeigen würden. Stattdessen sah ich die Gräben, die zwischen und auch innerhalb der drei Religionen verliefen und das geistige Klima der Stadt vergifteten. Allein in der Grabeskirche stritten Christen verschiedener Konfessionen darum, welcher Teil der Kirche ihnen gehört. Ich hatte den Eindruck, dass hier keiner mit dem anderen kann. Was würden Moses, Jesus und Mohammed wohl dazu sagen? Ihre Anhänger sind sich doch darüber einig, dass sie Friedensstifter waren. Aber wenn der Frieden ausgerechnet im Heiligen Land ausbleibt, wo sonst sollen Religionen einen Beitrag zum Frieden in dieser Welt leisten?! Ich würde mir sehr wünschen, dass sich der Papst, der Großimam der Azhar-Moschee und ein repräsentativer Rabbi zeitnah in Jerusalem treffen, um gemeinsam ein unmissverständliches Signal für den Frieden in die ganze Welt zu senden. Wenn ein solches Signal nicht von Jerusalem ausstrahlt, von wo sonst?«

In den Augen meines Gesprächspartners sah ich nur Skepsis. Ich war tieftraurig. Noch vor wenigen Minuten hatte ich in ihm einen Seelenfreund gesehen und mich so stark mit ihm verbunden gefühlt – bis das Thema Nahostkonflikt aufkam. Plötzlich sah ich in ihm einen Menschen, der Rassismus und Judenhass in sich trug.

Ich musste an meinen Vater denken, mit dem man über alles offen reden kann, sobald es aber um den Nahostkonflikt geht, verwandelt er sich in einen äußerst schwierigen Gesprächspartner. Er will partout nichts von einem Staat Israel wissen, nicht einmal den Namen ›Israel‹ akzeptiert er. Dabei kommt dieser Name als Bezeichnung Jakobs, des Sohns Isaaks, mehrmals im Koran vor. Bei meinem Vater kann ich verstehen, wie er zu dieser Haltung kam: Er wurde 1948 als achtjähriges Kind aus Palästina in den Libanon vertrieben. Hautnah erlebte er Krieg und Flucht im Zusammenhang mit dem Nahostkonflikt. Das prägte ihn und seine Generation. Wie viele andere Palästinenser träumt auch er bis heute von der Rückkehr in die alte Heimat. Dass dies reine Utopie ist, davon will er nichts wissen. Es ist mir nie gelungen, ihn dazu zu bringen, zwischen seinen persönlichen Erfahrungen im Nahostkonflikt und dem Judentum als Religion und den Juden als Anhängern dieser Religion zu unterscheiden.

Inzwischen vermeiden wir es, in der Familie über dieses Thema zu reden, denn es ist vorprogrammiert, dass wir uns streiten und die Situation eskaliert, vor allem wenn wir anfangen, darüber zu diskutieren, inwieweit ein bewaffneter Widerstand der Palästinenser heute legitim ist. Wenn ich mit der Generation meiner Eltern darüber diskutiere, merke ich schnell, dass bei den meisten mehr die Emotion als die Vernunft spricht. Das ist auch der Grund, warum viele dieser Generation der Hamas huldigen. Es gibt eine gewisse Sehnsucht, in die »Heimat« zurückzukehren. Doch in dieser Sehnsucht steckt viel Utopie. Gerade Palästinenser, die in Europa oder in wohlhabenden arabischen Golfstaaten leben und sich stabile wirtschaftliche und soziale Existenzen aufgebaut haben, werden all dies nicht ernsthaft aufgeben wollen, um in ein ungewisses Leben in Palästina zurückzukehren. Aber dieses vermeintliche Ziel ist inzwischen identitätsstiftend für das Palästinensersein geworden. Eine Art abstrakte Identität.

Genau wie die Rede von der Vernichtung Israels – auch diese Erzählung hat sich in den letzten fünfzig Jahren zu einem identitätsstiftenden Element des Araberseins entwickelt, vor allem für die Generation meiner Eltern. Obwohl mittlerweile keines der dortigen politischen Regimes die Vernichtung Israels anstrebt, sehen viele im Volk darin das große Ziel, das aber in weiter Ferne zu liegen scheint, weshalb die Frustration groß ist. Auch meine Eltern und die Verwandten ihrer Generation fühlen sich von den arabischen Regimes verraten, da niemand ihnen hilft, dieses Ziel zu erreichen. Im Gegenteil, in den letzten Jahren haben einige arabische Länder Israel anerkannt und Friedensverträge geschlossen. In den Augen etlicher Palästinenser gelten solche Abkommen als Verrat an dem großen Traum von Palästina. Im Grunde handelt es sich um eine Kränkung dieser utopischen Identität, die immer stärker wird, je mehr man sich eingestehen muss, dass es sich um reine Utopie handelt. Ich kenne einige Palästinenser, die gerne an propalästinensischen Demos teilnehmen und sich immer wieder laut melden, wenn es um palästinensische Rechte geht. Gleichzeitig drängt sich mir aber der Verdacht auf, dass es hier weniger um Hilfe für die Palästinenser vor Ort als vielmehr um die Vergewisserung der eigenen Identität beziehungsweise der Beruhigung des eigenen Gewissens geht: »Ich tue etwas für Palästina und schaue nicht passiv zu.« Aber ich frage mich: Was haben die betroffenen Palästinenser, zum Beispiel in Gaza, von all dem Aktionismus weltweit?

Wenn ich meinen Vater frage, was er konkret für die Palästinenser vor Ort tue, antwortet er, dass er regelmäßig die Nachrichten auf mehreren arabischen Sendern verfolge, vor allem auf solchen, die pro Palästina, pro Hamas und pro Hisbollah sind.

»Ja, Papa, ich weiß, die Lautstärke des Fernsehers in der Wohnung ist kaum zu ertragen, aber was bringt das den Menschen vor Ort, wenn du den ganzen Tag Nachrichten verfolgst, die zum größten Teil nur Propaganda sind?!«

»Natürlich bringt ihnen das etwas. Es zeigt ihnen, dass wir Araber und Muslime uns mit den Palästinensern solidarisieren. Wir sind unserem Volk gegenüber nicht ignorant.«

»Na, hoffentlich kannst du dich noch daran erinnern, was du meinem Bruder, meiner Schwester und mir zu Schulzeiten in Riad immer gesagt hast: ›Redet ja nicht in der Schule oder auf der Straße, egal mit wem, über Politik oder den Nahostkonflikt.‹ Wir mussten immer so tun, als hätten wir keine Ahnung, um ja nichts politisch Unkorrektes zu sagen, weil du dir Sorgen um deinen Job gemacht hast, erinnerst du dich?«

»Ja, natürlich erinnere ich mich. Als Palästinenser in Saudi-Arabien waren wir eine kleine ausländische Minderheit, und ich hatte Angst davor, dass ihr in politische Debatten verwickelt werdet, die am Ende dazu führen, dass wir des Landes verwiesen werden.«

»Und erinnerst du dich an deinen Satz, den du uns so oft gesagt hast: ›Außerdem bringt das Reden den Menschen vor Ort sowieso nichts, damit ist ihnen nicht geholfen.‹«

»Ja, aber jetzt lebe und arbeite ich nicht mehr in Saudi-Arabien, sondern hier in Europa und kann daher sagen, was ich will.«

»Dein Argument bleibt aber weiterhin gültig: Reden bringt den Menschen vor Ort nichts.«

»Mouhanad, solidarisierst du dich mittlerweile nicht mehr mit deinem palästinensischen Volk, oder was willst du mir damit sagen?«

Die Stimmung in solchen Gesprächen wird schnell äußerst angespannt, vor allem an den Tagen, an denen ich es wage, den folgenden Satz zu sagen: »Ich halte nichts davon, dass wir Palästinenser das Existenzrecht Israels nicht anerkennen und weiterhin davon träumen, alle Juden in Israel zu vernichten.«

»Ich werde Israel niemals anerkennen! Und wenn du das tust, dann kenne ich dich nicht mehr!«

»Schau mal, Papa, unser Prophet Mohammed begann seine Verkündigung des Islams, indem er sich auf Moses bezog. Sein Motto lautete von Beginn an: ›So wie Moses bin auch ich, er verkündete den Monotheismus, und ich tue nichts anderes als das.‹ Dieser Bezug diente unserem Propheten sogar als Legitimation für seine Botschaft. Schau dir doch die Prophetengeschichten im Koran an: Adam, Noah, Abraham, Isaak, Jakob, Moses, David, Salomon, Hiob, Jonas … All diese Erzählungen finden wir fast eins zu eins in der Tora beziehungsweise im Alten Testament. Mohammed bezog sich auf diese spätantiken Erzählungen, die zu jener Zeit verfügbar waren. Daher gilt: ohne Judentum kein Islam, ohne Moses kein Mohammed und ohne Tora kein Koran. Die Verkündigung Mohammeds diente also zugleich der Würdigung und dem Schutz des Judentums auf der Arabischen Halbinsel vor den Polytheisten von Mekka. Derselbe Mohammed würde sich heute für die Errichtung eines jüdischen Staates aussprechen, um das Judentum weiterhin zu schützen und zu würdigen. Sollten wir Muslime also nicht in der Tradition Mohammeds und aus religiösen Gründen den Staat Israel anerkennen und sogar unterstützen?«

»Ja, genau, unterstützen in den Massakern gegen die Palästinenser! Bist du noch bei Sinnen, Mouhanad? Nimmst du irgendwelche Substanzen, die dein Gehirn berauschen?!«

»Du weißt, dass ich nicht einmal rauche. Aber warum vermischen wir die Politik Israels mit der Frage nach dem Existenzrecht Israels? Ich finde die Siedlungspolitik Netanyahus auch höchst problematisch, aber das hat nichts damit zu tun, dass ich das Recht Israels auf Existenz anzweifle, im Gegenteil. Ich meine, wenn die Palästinenser Israel anerkennen und die Hamas und andere terroristische Gruppierungen aufhören würden, die Sicherheit Israels zu bedrohen, würde dies die israelische Politik im positiven Sinne verändern. Solange aber die Hamas meint, ihr Ziel sei die Vernichtung Israels, hat die Sicherheitsfrage für die israelische Politik höchste Priorität. Ich finde, wir sollten endlich anfangen, lösungsorientiert zu denken.«

»Aber das ganze Land gehört uns Palästinensern vom Fluss bis zum Meer, daran darf nicht gerüttelt werden!«

»Und wohin sollen die etwa neun Millionen Israelis deiner Meinung nach gehen?«

»Dahin, wo sie herkommen, die meisten aus Europa.«

»Bei allem Respekt, Papa, das ist keine Lösung. Das israelische Volk ist nun mal in Israel beheimatet, und es ist ihr gutes Recht, dort in Frieden zu leben. Alles andere ist längst Geschichte. Wir müssen realistisch sein und nach machbaren Lösungen suchen. Jahrzehntelang haben viele Palästinenser die Zweistaatenlösung abgelehnt, genau aus dem Grund, den du einbringst. Sie wollten ganz Palästina für sich haben. Heute wären sie froh, wenn diese Zweistaatenlösung überhaupt umsetzbar wäre, was leider nicht mehr realistisch zu sein scheint.«

Solche Diskussionen enden erst dann, wenn meine Mutter eingreift und uns mit irgendeiner Geschichte ablenkt. Wir diskutieren in der Familie nie ruhig und sachlich darüber, sondern immer höchst emotional. Gerade für die Generation meiner Eltern geht es um die existenzielle Frage nach ihrer Identität. Palästinensersein ist eng mit dem Land, mit dem Boden verbunden. Die Erzählung von der Rückkehr in dieses Land ist konstitutiv für die palästinensische Identität dieser Generation. Für viele junge Palästinenser hingegen, die außerhalb Palästinas leben, aber auch für viele Araber und Muslime weltweit ist die Auseinandersetzung mit dem Nahostkonflikt Teil einer arabischen beziehungsweise islamischen Identität, die sich durch Abgrenzung vom Westen definiert. Die antiisraelische Rhetorik ist Ausdruck einer gewissen Protesthaltung gegenüber dem Westen. Und wenn eine westliche Identitätspolitik demokratische Werte als westlich vereinnahmt, dann haben wir ein ganz anderes Problem: Der Westen leidet unter dem Vertrauensverlust vieler Menschen in der Welt. Wenn der Westen in Länder wie den Irak oder Afghanistan einmarschiert, angeblich um sie zu demokratisieren und Menschenrechte einzuführen, am Ende aber nur Krieg und Elend und korrupte Regimes als Partner hinterlässt, dann ist der Westen in seinem Anspruch, Vertreter der Demokratie in der Welt zu sein, nicht mehr glaubwürdig. Auch Aufrufe an islamische Länder wie »Demokratisiert euch! Werdet wie wir! Achtet die Menschenrechte wie wir!« sind in der Wahrnehmung vieler Muslime längst nicht mehr glaubwürdig. Hier hat der Westen ein Authentizitätsproblem, das nur durch eine ehrliche und aufrichtige Außenpolitik überwunden werden kann, die sich auch in ihren internationalen Entscheidungen und Interaktionen den freiheitlich-demokratischen Grundwerten verpflichtet fühlt.

Der Nahostkonflikt scheint daher viel komplexer und nicht lediglich eine religiöse Auseinandersetzung zwischen Islam und Judentum zu sein. Die Lösung dieses Konflikts ist längst eine gesamtgesellschaftliche Aufgabe, die aber von der Weltgemeinschaft kaum ernst genommen wird. Mich enttäuschte auch zutiefst die unreflektierte Haltung des philippinischen Pilgers. Wir alle beobachten, wie Politiker, oder sagen wir die Politik insgesamt, hauptsächlich die eigenen Interessen verfolgen und nicht immer an der Lösung unserer Probleme interessiert sind. Aber wir, einfache Bürgerinnen und Bürger der Weltgemeinschaft, sollten uns jenseits von politischen und wirtschaftlichen Interessen untereinander solidarisieren. Religiöse, nationale, ethnische und andere Unterschiede zwischen uns dürfen uns auf keinen Fall spalten. Angehörige der verschiedenen Religionen und Weltanschauungen sollten heute für eine Koalition der verschiedenen religiösen wie nichtreligiösen moralischen Universalien eintreten. Ein Bündnis von Universalisten gegen Partikularisten wie religiöse Exklusivisten, Nationalisten, Rassisten, ein solches Bündnis ist heute gefragter denn je. Vor allem religiöse Menschen sind herausgefordert, sich Gedanken darüber zu machen, wie sie die Kraft der Liebe in sich freisetzen können. Gerade die drei monotheistischen Religionen betrachten den Menschen als Medium der Verwirklichung von Gottes Intention nach Liebe und Barmherzigkeit. Der Mensch ist demnach ein Werkzeug der Liebe und Barmherzigkeit, wenn er in Freiheit Ja zu Gott sagt. Und genau das ist der Inbegriff und der Maßstab von Religiosität. Deshalb fühlte ich eine tiefe Enttäuschung über die antijüdische Haltung eines so religiösen und sonst sympathischen Menschen wie des philippinischen Pilgers.

Aus der Perspektive eines Baumes

Der philippinische Pilger und ich gingen mit einer gewissen Kälte auseinander. Ich hatte nicht das Bedürfnis, mich herzlich von ihm zu verabschieden, und beschränkte mich auf den Satz: »Ich bleibe hier sitzen, ich brauche etwas Zeit für mich allein und wünsche dir weiterhin einen schönen Pilgerweg.«

Ich muss zugeben, dass ich die ergreifende Geschichte mit seiner Frau vergessen hatte, was mir im Nachhinein sehr leidtat. Die Begegnung mit ihm hatte mich sehr irritiert. Anfangs wirkte er so sympathisch und authentisch, aber als es um den Nahostkonflikt ging, spürte ich eine starke innere Distanz. Dennoch sagte ich mir: »Ist es nicht falsch, über diesen Mann so zu urteilen? Solltest du nicht empathischer sein und versuchen, die Dinge aus seiner Perspektive zu sehen? Genauso auch bei deinem Vater? Brauchen wir nicht mehr Raum für solche Debatten jenseits von Urteilen?«

Ich erinnerte mich an das Jahr 2015, als viele Flüchtlinge aus Syrien nach Deutschland kamen. Schnell hieß es, ein Großteil dieser syrischen Flüchtlinge seien Antisemiten. Uns war nicht bewusst, dass die meisten von ihnen noch nie mit unseren Erzählungen über das Leid von Millionen jüdischen Menschen durch das Naziregime konfrontiert worden waren oder überhaupt davon gehört hatten. Und anstatt darüber nachzudenken, wie wir sie aufklären können, aber auch, wie wir mit ihren Narrativen über den Nahostkonflikt umgehen können, die ihr Bild von Juden und vom Westen prägen, haben wir einfach den Zeigefinger erhoben und über sie geurteilt, dass sie den Antisemitismus mitbringen würden.

All diese Gedanken lenkten mich von meiner ursprünglichen Frage nach dem Sinn des Lebens ab. Moment, bin ich jetzt eigentlich wieder auf dem richtigen Weg? Ich glaube schon.

Ich schaffte es einfach nicht, meinen Kopf auszuschalten. Plötzlich begann ich zu zweifeln, ob meine Suche nach dem großen Lebenssinn wirklich sinnvoll war. Ich musste an Anne denken. Sie findet nicht den richtigen Mann, weil sie genau auf diesen wartet. Sie ist mit jedem unzufrieden, weil sich in ihrem Kopf das Bild des perfekten Mannes festgesetzt hat. Die meisten Palästinenser wie auch meine Eltern sind unzufrieden, weil sie seit etwa siebzig Jahren auf die Verwirklichung ihrer großen Erzählung von der Rückkehr nach Palästina fokussiert sind. Bis dahin bleibt ihr Leben in ihrer Wahrnehmung unerfüllt.

Kann es sein, dass es uns unglücklich macht, wenn wir den Sinn unseres Lebens mit solchen großen Erzählungen verknüpfen? Berauben wir uns, indem wir uns darauf konzentrieren, nicht der Chance, uns über kleine Erfolge und kleine Schritte im Leben zu freuen? Meine nächste Begegnung sollte diese Frage um eine weitere Dimension erweitern …

Die Gespräche mit Anne, Corinna und dem Mann von den Philippinen waren so herausfordernd, dass ich mich entschloss, erst einmal keine Gespräche mehr zu führen. Ich wollte mich nur noch auf die schöne Natur konzentrieren, wollte versuchen, an nichts zu denken. Die Stille musste nun einfach still sein. Allerdings hatte ich die Erfahrung gemacht, dass sie nur dann still ist, wenn ich mich mit anderen Dingen ablenke. Ich musste mich auf etwas konzentrieren, sei es die Natur, mein eigener Atem oder das Zwitschern der Vögel, das sich oft mit den Geräuschen vorbeifahrender Autos vermischte.

Das ging einige Minuten ganz gut. Schon bald faszinierten mich die vielen Bäume auf der Strecke, von denen ich mich mit viel Wärme umarmt fühlte. Okay, es waren gefühlte 40 Grad, und mir war sehr heiß, aber ich meine eine emotionale Wärme, die einen von innen ergreift. Ich ging nun langsamer an den Bäumen vorbei und nahm mir bei jedem Baum ein paar Sekunden Zeit, ihn zu begrüßen. Bald hatte ich das Bedürfnis, den einen oder anderen Baum nicht nur zu begrüßen, sondern zu umarmen.

Leider kenne ich mich mit Bäumen nicht aus – wobei, immerhin erkenne ich eine Birke, da ich eine starke Birkenpollenallergie habe. Bei meinen seltenen Sonntagsspaziergängen im Wald in der Nähe meiner Wohnung meide ich von April bis Juni die Birken. Ach, und ich weiß, dass schnell wachsende Bäume wie Erle, Birke oder Weide bis zu hundert Jahre alt werden, während langsam wachsende Bäume wie Eiche, Linde oder Buche sehr viel älter werden können. Das ist allerdings auch schon alles. Immer wieder blieb ich vor dem einen oder anderen Baum stehen. Zu einem ziemlich hohen und dicken Baum sagte ich: »Schade, dass du nicht sprechen kannst. Du stehst hier seit mindestens hundert Jahren. Was du in dieser Zeit alles erlebt haben musst! Wie viele Menschen aus wie vielen Ländern dieser Welt werden wohl an dir vorbeigegangen sein? Wie viele Schicksale stecken dahinter? Was wäre, wenn du sprechen könntest? Was hättest du uns alles zu erzählen?«

Ich war sehr erschöpft und wusste nicht einmal, was für ein Baum das war, mit dem ich gerade sprach. Aber ich erinnerte mich an einen Dokumentarfilm, den ich als Kind im Fernsehen gesehen hatte. Dort hieß es, dass man das Alter eines Baumes am Durchmesser seines Stammes erkennen kann. Dieses Exemplar hatte sicher schon einige Jahrzehnte, wenn nicht sogar Jahrhunderte hinter sich. Meine Arme konnten ihn nicht umfassen. Ich setzte mich in seinen Schatten und lehnte mich an ihn. Und im Halbschlaf fand eine Art Gespräch zwischen uns statt. Vielleicht war es aber auch die Sonne, die mir Halluzinationen bescherte. Ein Freund, der als Psychologe arbeitet, hatte mir einmal gesagt: »Es ist normal, ja sogar gesund, dass wir mit Gegenständen, mit Tieren und Pflanzen reden, aber sobald sie mit uns in einer menschlichen Sprache sprechen, ist es an der Zeit, einen Termin in meiner Praxis zu vereinbaren.« Ob das als Scherz oder ernst gemeint war, sei dahingestellt, ich weiß nur, dass es nicht so schlimm um mich steht, zumindest noch nicht. Die Begegnung mit dem Baum eröffnete mir auf jeden Fall eine ganz neue Perspektive auf die Natur.

Ich drückte mich fest an den Baum: »Danke, Baum, das tut meinem Rücken echt gut. Schön, dass es dich gibt!«

»Das ist typisch für euch Menschen, ihr seht in uns Bäumen nur Gegenstände, die ihr für eure Zwecke benutzt.«

Oh, du liebe Stille! Du lässt jetzt auch Bäume in meinem Kopf sprechen ... »Du bist aber ein lustiger Baum, du kannst ja sprechen!«

»Natürlich kann ich sprechen, wie übrigens alle Bäume dieser Welt. Alle Pflanzen und Tiere können sprechen! Wir haben sogar unsere eigenen Sprachen, in denen wir untereinander kommunizieren. Ihr Menschen denkt allerdings, nur wer eure Sprachen spricht, kann und darf reden und wird gehört. So bekommt ihr von uns auch nicht viel mit, weil ihr in uns nur Dinge, nur Gegenstände und Funktionen seht. Wir sind aber nicht eure Objekte. Wir sind Subjekte mit einer eigenen Seele und einer

Daseinsberechtigung. Wir sind nicht hier, damit ihr uns benutzt. Wir haben auch dann das Recht zu existieren, wenn wir keine Funktion für euch haben.«

»Was heißt das, ihr Bäume seid Subjekte? Ein Subjekt ist ein freies Wesen, das über sich selbst bestimmen kann. Ein Subjekt hat das Bewusstsein über das eigene ›Ich‹. Wir Menschen haben das, und wir haben auch die Freiheit, über uns selbst zu bestimmen. Ihr hingegen seid nicht frei.«

»Und wer sagt dir, dass wir nicht trotzdem selbstbestimmt leben?«

Mit einem sarkastischen Lachen erwiderte ich: »Das wäre was! Ein Baum, der frei ist zu entscheiden, ob er in die eine oder in die andere Richtung wachsen will. Nein, mein Lieber, ihr Bäume könnt keine bewussten Entscheidungen treffen. Ihr folgt einfach der Sonne, ob ihr wollt oder nicht. Ihr seid von Natur aus so programmiert. Ihr könnt nicht zwischen verschiedenen Optionen wählen. Subjekte wie wir Menschen aber schon.«

»Freiheit ist für dich also die Möglichkeit, sich zwischen verschiedenen Optionen entscheiden zu können? Wenn nicht alle Optionen, die dir zur Verfügung stehen, dem entsprechen, was du wirklich brauchst, wie frei bist du dann?«

»Auf jeden Fall freier als du. Immerhin kann ich Entscheidungen treffen, du aber nicht.«

»Ihr Menschen entscheidet euch für Krieg, Gewalt, Drogenkonsum. Nennst du das im Ernst Freisein?«

»Was ist Freiheit denn für dich?«

»Wir Bäume sind im Vergleich zu euch Menschen viel freier. Wir würden nie auf die Idee kommen, uns selbst freiwillig Schaden zuzufügen. Wir entscheiden uns zum Beispiel dafür, unsere Wurzeln dorthin auszustrecken, wo es Wasser und Nahrung für uns gibt. Wir versuchen immer, so viel Sonne wie möglich zu bekommen. Ich bin jetzt 134 Jahre alt. Älter als irgendeiner von euch, der je auf der Erde gelebt hat. Wir Bäume entscheiden uns nicht für so etwas wie einen Krieg der Bäume. Wir würden uns niemals gegenseitig vernichten wollen. Ihr Menschen bekriegt euch ständig. Wir kennen keine Entscheidungen aus Hass, Neid, Eifersucht. Ihr schon. Und weißt du, was die größte existenzielle Bedrohung für uns ist? Ihr Menschen, ihr seid das! Durch Abholzung gehen jährlich weltweit zehn Millionen Hektar Wald verloren, davon 3,9 Millionen Hektar allein in Afrika. Dabei bedecken Wälder etwa 31 Prozent der Landfläche der Erde. Dieser Anteil nimmt jedoch rapide ab. Die Abholzung und der Verlust von Bäumen sind hauptsächlich eure Schuld. Ihr Menschen fällt Bäume, um Platz für eure Landwirtschaft oder Viehweiden, Bergbau und die Bohrindustrie zu schaffen. Aber auch durch die globale Erwärmung nimmt die Zerstörung der Natur rapide zu. Denk nur an die vielen Waldbrände.

Ihr Menschen stellt die sogenannte Theodizeefrage: ›Wenn es einen Gott gibt, warum lässt er dann so viel Unheil zu und greift nicht ein, um es zu beseitigen und die Welt vom Bösen zu befreien?‹ Wir Bäume und die Natur insgesamt stellen eine ähnliche Frage, aber weißt du, wie wir sie formulieren? ›Lieber Herr, gibt es dich wirklich? Und wenn ja, wieso hast du die Menschen erschaffen? Sie stiften nur Unheil, sie zerstören unsere Existenz. Sie handeln eigensinnig und unverantwortlich. Sie bekriegen sich und zerstören dabei nicht nur deine Schöpfung, sondern auch ihre eigene Existenz. Gibt es dich wirklich? Und wenn ja, wieso befreist du uns nicht von diesen Menschen und ihrem Unheil?!«

»Im Grunde hast du recht. Aus eurer Sicht verkörpern wir Menschen das Übel in der Welt. Aber das ist der Preis unserer Freiheit. Indem Gott uns mit Freiheit ausgestattet hat, geht er das Risiko ein, dass wir diese Freiheit an der einen oder anderen

Stelle missbrauchen, dass wir Kriege führen, die Natur zerstören und vieles mehr.«

»Ich würde das so nicht sagen. Wir Bäume sind auch mit Freiheit ausgestattet, nur im Unterschied zu euch Menschen folgen wir ständig unserer Bestimmung. Diese findet in der Bejahung der Existenz ihren Ausdruck. Wir suchen nach Wasser in der Erde und Licht im Himmel und zerstören uns nicht selbst, wie ihr es tut. Wir sind beide mit Freiheit ausgestattet, nur setzen wir sie unterschiedlich ein.«

»Okay, da stimme ich dir zu. Allerdings könnt ihr Bäume ja nicht anders, als eurer Bestimmung zu entsprechen. Du kannst nichts anderes wählen als Wasser und Licht. Du kannst nicht wählen, ob du deine Wurzeln fernab des Wassers schlagen willst.«

»Das stimmt. Und weißt du, warum ich mich nicht dafür entscheiden würde, meine Wurzeln nicht in Richtung Wasser zu schlagen? Weil ich frei bleiben möchte. Wie kommst du eigentlich auf die Idee, mich als frei zu sehen, wenn ich mich für meine eigene Zerstörung entscheiden würde?!«

»Aber dann bist du determiniert, denn zumindest rein theoretisch könntest du dich nicht anders entscheiden als für das Wasser. Schau mal, du hast kein Bewusstsein, und du brauchst auch keines. Das liegt daran, dass ihr Bäume nicht die notwendige strukturelle, organisatorische und funktionelle Komplexität aufweist, die das menschliche Gehirn entwickeln musste, bevor sich ein Bewusstsein bilden konnte.«

»Siehst du, du vergleichst uns mit euch Menschen. Und dann urteilst du aufgrund dieses Vergleichs. Ihr Menschen denkt, ihr seid der Maßstab aller Dinge. Ihr Menschen seht uns Bäume nur aus eurer eigenen, egoistischen Perspektive – und so seht ihr übrigens die ganze Welt. Ihr glaubt, den Pflanzen fehlten die anatomischen Strukturen und Nervensysteme, die bei Tieren für die

Verarbeitung von Empfindungen und Emotionen verantwortlich sind, weshalb wir eurer Meinung nach keine Emotionen besitzen. Ihr urteilt über uns, indem ihr von euren eigenen anatomischen Gegebenheiten ausgeht. Stellt ihr fest, dass ein Gegenstand dieselben anatomischen Strukturen besitzt wie ihr, kommt ihr zu dem Schluss, dass er Emotionen und ein eigenes Bewusstsein haben kann, ansonsten sprecht ihr ihm dieses ab. Euch fehlt das Einfühlungsvermögen, die Dinge aus einem anderen Blickwinkel als dem eigenen zu betrachten. Ihr seid Gefangene in eurer eigenen geistigen Welt. Wir Bäume und alle anderen Pflanzen können zum Beispiel riechen, dafür brauchen wir keine Nasen. Und obwohl wir keine Augen haben, können wir auf unsere Weise ›sehen‹. Pflanzen können viele verschiedene Formen von Licht wahrnehmen, von Ultraviolett bis Infrarot. Wir nehmen unsere Umwelt auf unterschiedliche Weise wahr und reagieren entsprechend darauf.

Aber zurück zu deiner Behauptung, wir seien determiniert und könnten uns rein theoretisch nicht anders entscheiden als für das Wasser. Du sagst es: ›rein theoretisch‹. Aber was interessieren mich deine Hypothesen?! Woher willst du wissen, dass wir Bäume uns nicht doch gegen das Wasser entscheiden können? Natürlich könnten wir, aber das würden wir nie tun, wir sind ja nicht blöd. Anders als ihr Menschen würden wir uns nie gegen uns selbst entscheiden. Und weil wir klüger sind als ihr, werft ihr uns Determinismus vor? Sehr lustig! Heißt das, dass wir erst dann frei sind, wenn wir schwachsinnige Entscheidungen treffen? Sind falsche Entscheidungen in euren Augen das Kriterium für Freiheit? Ihr Menschen habt manchmal merkwürdige Ideen! Außerdem geht es nicht darum, sich für die eine oder andere Option entscheiden zu können, sondern darum, seiner Bestimmung zu entsprechen. Wir haben unsere Prinzipien, und wir werden auf keinen Fall davon abweichen. Von mir aus kannst du unsere Prinzipien Wasser und Licht nennen. Doch was sind eure Prinzipien? Was ist in euren Augen eure Bestimmung, der ihr gerecht werden wollt?«

»Moment, Baum. Nicht so schnell mit deiner Verurteilung. Wir Menschen tragen viel mehr Verantwortung für das Universum als ihr.«

»Wie kommst du auf so einen Blödsinn?!«

»Wir bebauen die Erde, wir erforschen das Universum, das alles können Bäume nicht.«

»Das ist sehr einseitig gedacht. Du hast doch sicher schon in der Grundschule gelernt, dass es ohne Pflanzen kein Überleben für Menschen und Tiere gäbe. Ihr seid auf keinen Fall wichtiger als wir Bäume.«

»Aber eure Bestimmung bleibt im Vergleich zu unserer überschaubar. Du sagst es ja, Wasser und Licht …«

»Unsere Bestimmung ist viel mehr als Wasser und Licht. Unsere Bestimmung ist erst einmal, dass es uns überhaupt gibt. Das Schicksal – einige von uns sprechen von Gott – wollte unsere Existenz. Wir haben unsere Existenz nicht selbst beschlossen – das ist zugegebenermaßen der einzige Moment, in dem wir nicht frei entschieden haben. Unser Dasein war nicht unsere Entscheidung. Unsere Existenz gleicht einfach unserer Bestimmung. Das ist der Grund, warum wir im Sinne unserer Bestimmung, im Sinne unserer Existenz, Entscheidungen treffen, eben Wasser und Licht.«

»Und wenn ihr Menschen wärt, würdet ihr dann alles tun, um dieser Bestimmung zu entsprechen? Auch wenn es hieße, andere Existenzen zu vernichten?«

»Eben nicht! Denn alle Existenzen, die, sagen wir, ungefragt existieren, sind als Selbstzweck gewollte Existenzen und verdienen es, bewahrt und geschützt zu werden. Ihre Existenz gleicht ihrer Bestimmung. Wir würden niemals gegen diese Bestimmung der Natur oder der Schöpfung verstoßen. Für uns ist das die größte Bestimmung des Daseins: zu existieren. Ihr Menschen verstoßt allerdings ständig dagegen. Ihr vernichtet euch selbst, ihr vernichtet uns, ihr vernichtet die Umwelt, ihr seid auf dem besten Weg, die Existenz selbst zu vernichten. Es entsteht der Eindruck, dass ihr völlig planlos seid. Ihr habt anscheinend keine Ahnung von eurer eigenen Bestimmung und von der Bestimmung des ganzen Daseins.«

In diesem Moment kam ich wieder zu mir. Ich musste eingeschlafen sein. Was war das denn?! Was für eine absurde, aber anregende Konversation. Mit einem Baum! Und doch verspürte ich ein leichtes Gefühl von Neid: Der Baum hatte eine große Erzählung über seine Existenz, während ich noch auf der Suche danach war.

Wieder ärgerte ich mich über mich selbst: Ganz in der Nähe meiner Wohnung in Münster befindet sich ein großer Wald. In den letzten zwei Jahren bin ich maximal dreimal dort spazieren gegangen, und meistens hatte ich so viele Gedanken im Gepäck, dass ich die Bäume nie wirklich wahrgenommen hatte. Jetzt ärgerte ich mich über die vielen versäumten Momente, darüber, dass ich nicht nur die Wärme dieser Bäume nicht gespürt hatte, sondern es auch versäumt hatte, sie als Subjekte wahrzunehmen, die mir etwas sagen wollen.

Dieser Gedankengang wurde schlagartig unterbrochen. Mir fiel plötzlich ein, dass es während der islamischen Pilgerfahrt in Mekka für die Pilger verboten ist, Tiere zu töten, Pflanzen zu pflücken oder Bäume zu fällen. Diese Verbote kommen sogar im Koran vor: »O, ihr, die glaubt! Tötet keine Lebewesen, während ihr beim Pilgern seid.« (Koran 5:95) Als Sühne für ein solches Vergehen schreibt der Koran die Speisung von Armen vor, anderenfalls sei die Pilgerfahrt ungültig. Obwohl ich mehrmals in Mekka gewesen war, hatte ich diese Verbote nie unter dem Gesichtspunkt reflektiert, dass die islamische Pilgerfahrt uns zu einem Perspektivenwechsel einlädt. Unsere Umwelt besteht nicht nur aus Gegenständen, die für uns reine Objekte darstellen, sondern sie ist wie wir selbst Teil des großen Ganzen, das es zu bewahren gilt. Gott wird sich etwas dabei gedacht haben, wenn er uns Muslime ermahnt, die Pilgerfahrt sei ungültig, wenn wir uns an Tieren oder Pflanzen vergehen würden. Schade, weder im Religionsunterricht in der Schule noch während meines Theologiestudiums wurde ich jemals auf diese Perspektive aufmerksam gemacht. Diese Gedanken verdanke ich dem großen Baum, der mir offensichtlich viel zu sagen hatte und vermutlich noch immer hat.

Mir fiel aber noch ein kritischer Gedanke ein. Am Ende der islamischen Pilgerfahrt werden dann doch Tiere geschlachtet, meistens handelt es sich um Schafe. Es heißt, man darf ein Drittel des Fleisches für sich und seine Familie behalten, ein Drittel soll an Bekannte und Nachbarn verschenkt und das letzte Drittel an Arme gespendet werden. Diese Tradition geht auf die koranische Erzählung von Abraham zurück, der den Auftrag bekam, seinen Sohn zu opfern. Allerdings wurde dieser in letzter Sekunde durch ein Opfertier ersetzt, das vom Himmel fiel. Obwohl der Koran nicht erwähnt, um welchen Sohn Abrahams es sich handelt, hat sich im Volksislam der Gedanke etabliert, dass hier Ismail und nicht Isaak gemeint ist. Vielleicht steckt eine identitätspolitische Absicht dahinter, sich von der jüdischen und der christlichen Tradition abgrenzen zu wollen. Diese Abgrenzung kann allerdings koranisch nicht bestätigt werden.

Mein kritischer Gedanke betrifft aber weniger die Frage, um welchen der beiden Söhne Abrahams es sich handelt, sondern die bis heute geführte Tradition des Opfertieres. Weltweit werden am ersten Opferfesttag, dem zehnten Dhu l-hiddscha, Millionen Tiere geschlachtet. Die Menschheit braucht diese Tonnen an Fleisch nicht. Zum Glück werden immer mehr Stimmen muslimischer Gelehrter und Umweltaktivisten laut, die nach einer verantwortungsvolleren Auslegung dieser Tradition rufen. Denn es geht im Grunde darum, etwas zu opfern, um andere glücklich zu machen. Man könnte doch auch etwas von seinem Geld, von seiner Zeit, von der eigenen Bequemlichkeit opfern, um anderen Glück zu schenken. Häufig denke ich an die alten Menschen, die nebenan in einem Seniorenheim wohnen, daran, wie oft sie mir von ihrer Einsamkeit erzählen. Sie wollen weder Fleisch noch Geld, sondern Aufmerksamkeit und etwas mehr Zuwendung. Viele erzählen mir, dass sie den Eindruck haben, dass sie nur so lange etwas wert waren, wie sie leistungsfähig waren. Und nun würden sie als Last für die Gesellschaft angesehen. Das ist die Gefahr, wenn Menschen nach ihrer Leistung definiert und bewertet werden. Dann ist der Mensch selbst auch nur eine Funktion, eine Sache, die andere einsetzen. Erfüllt diese Sache ihre Funktion nicht mehr, verliert sie an Wert. Ein sehr verstörendes Schicksal, das viele in unserer Gesellschaft mit Bäumen beziehungsweise mit der Natur teilen. Es ist ein existenzieller Unterschied, ob wir im Gegenüber ein Mittel zum Zweck oder einen Selbstzweck sehen.

Ich wollte diese Gedanken weiter vertiefen, aber es war an der Zeit weiterzuziehen, um rechtzeitig vor Sonnenuntergang in der nächsten Stadt anzukommen. Noch zehn Kilometer lagen vor mir. Leider verlief die restliche Strecke weniger zwischen Bäumen als auf stark befahrenen Nebenstraßen. Ich war derweil so erschöpft, dass ich einfach ins Leere schaute und mich nur noch auf den Weg konzentrierte. Auf jeden Fall hat es mir sehr gutgetan, die eigenen Gedanken mal abzuschalten.

Die Suche nach der großen Erzählung

In der Stadt Arzua angekommen, suchte ich mithilfe der Navi-App die kleine Pension, die ich im Voraus gebucht hatte. Von außen sah sie äußerst bescheiden aus, aber das war mir egal, ich wollte nur endlich einen Platz zum Ausruhen und Schlafen haben. Die Rezeption war verwaist. Ein älterer Herr, der auf einem Sofa saß, schaute in meine Richtung und sagte laut auf Englisch: »Der Mann, dem das Hotel gehört, holt gerade jemanden von der Bushaltestelle ab. Er kommt in etwa fünfzehn Minuten zurück. Sie können sich inzwischen etwas zu trinken aus dem Kühlschrank nehmen.« Er zeigte dabei auf einen kleinen alten Kühlschrank in der Ecke. Ich war so durstig, dass ich keine Sekunde zögerte. Am liebsten hätte ich alles getrunken, was darin war. Ich nahm eine Flasche stilles Wasser und eine Cola Zero, öffnete beide und trank abwechselnd aus beiden Flaschen. Jedes Mal, wenn ich Cola Zero trinke, muss ich an die Reaktionen der Kellner in Restaurants in Deutschland denken, die völlig irritiert sind, wenn ich eine Cola Zero oder Cola light bestelle, mich vergewissere, dass es auch wirklich die zuckerfreie Variante ist, dann aber mindestens eine, oft sogar zwei Nachspeisen bestelle. Manchmal nehme ich das Dessert sogar als Vorspeise. Dass die Cola unbedingt zuckerfrei sein muss, dürfte eine unbewusste Taktik sein, um meinem schlechten Gewissen vorzubeugen. »Ich war ja so diszipliniert und habe nur eine Cola Zero bestellt, da kann ich jetzt locker eine oder zwei Portionen vom Dessert verschlingen«, so mein Gedanke.

Der Mann auf dem Sofa beobachtete mich, wie ich immer wieder aus beiden Flaschen trank. »Sie haben aber großen Durst! Woher kommen Sie?«

O nein, ich war erschöpft und hatte überhaupt keine Lust zu reden. Schon gar nicht über meine komplizierte Herkunft. Ich entschied mich für eine harmlose Variante, die mich weder in politische noch in andere Diskussionen verwickeln würde, und antwortete knapp: »Ich komme aus Deutschland.« Ich hätte auch sagen können: Palästina oder Libanon oder Österreich oder sogar Saudi-Arabien – alles wäre richtig gewesen.

Zum Glück war der Mann nicht wirklich an mir interessiert. Er fing sofort an zu erzählen, wie schlecht es ihm seit seiner Pensionierung gehe. Er hatte als Journalist bei einer großen niederländischen Zeitung gearbeitet und war seit einem Jahr im Ruhestand: »Kurz vor meiner Pensionierung habe ich mich darauf gefreut, endlich Zeit für meine Enkelkinder zu haben, aber wenige Tage später fiel ich in ein tiefes schwarzes Loch. Ich war bis zum Chefredakteur aufgestiegen. Viele Menschen arbeiteten für mich, viele sahen zu mir auf. Ich hatte einen Dienstwagen, einen Chauffeur und viele andere Privilegien. Und an dem Tag, an dem du in Rente gehst, wird dir das alles genommen. Aber das Schlimmste für mich war, akzeptieren zu müssen, dass sich von jetzt auf gleich niemand mehr für mich interessierte.«

»Haben Sie denn keine Hobbys?«

»Ich habe jeden Tag gearbeitet, sieben Tage die Woche, mindestens zwölf, manchmal sogar bis zu achtzehn Stunden am Tag.

Wenn man dreißig Jahre so gelebt hat, hat man keine Hobbys. Mein Leben bestand nur aus Arbeit. Sie hat mich erfüllt und glücklich gemacht.«

»Ich kann Sie sehr gut verstehen. Sie haben sich Ihr Leben lang über die Arbeit definiert. Sie war Ihre Hauptquelle für Glück und innere Erfüllung. Dieses Schicksal teilen Sie mit vielen anderen. Möglicherweise verlernen wir oder kommen gar nicht mehr dazu zu erfahren, dass Glück auch jenseits der Arbeit möglich ist, ja vielleicht sogar möglich sein muss. Man bringt uns bei, dass wir die Schule besuchen und gute Noten schreiben sollen, um später einen guten Job zu bekommen. Danach machen wir eine Ausbildung oder studieren. Sogar bei einem Date ist eine der ersten Fragen, die man dir stellt, die nach deinem Beruf.«

Der Mann hörte aufmerksam zu und nickte schweigend. Ich sprach weiter: »Bei uns im Orient fragt der Vater den Mann, der um die Hand seiner Tochter anhält, in der Regel zuerst nach dessen Beruf. Seine Chancen hängen davon ab, was er antwortet. Die besten Aussichten hat man, wenn man Arzt, Anwalt oder ein erfolgreicher Geschäftsmann ist. Unser soziales Ansehen und unsere Stellung in der Gesellschaft werden wesentlich durch unseren Beruf bestimmt. Wir leben in Strukturen, die uns vor allem über den Beruf definieren. Ich halte das für eine Schieflage. Wenn unser Selbstwertgefühl über den sozialen Status definiert wird, dann ist es vorprogrammiert, dass viele von uns, sobald sie aufhören zu arbeiten, in ein schwarzes Loch fallen. Woher soll das Selbstwertgefühl denn kommen, wenn wir nicht mehr arbeiten? Wer sind wir überhaupt ohne Arbeit?«

»Das ist auch so eine Sache. Ich hatte geplant, die Zeit nach meiner Pensionierung mit meinen beiden Töchtern und den drei Enkelkindern zu verbringen. Da ich aber all die Jahre nur gearbeitet hatte, musste ich feststellen, dass ich es versäumt hatte, eine innige Beziehung zu ihnen aufzubauen. Und so etwas kannst du nicht einfach in wenigen Tagen nachholen. Auch meine Frau hat mich irgendwann verlassen. Tja, nun stehe ich da. Mit nichts. Und ich muss Antidepressiva nehmen.«

Ich schluckte, sagte aber nichts. Er sprach weiter: »Sie haben vollkommen recht: Mein Leben war bis zu meiner Pensionierung erfüllt. Mir fehlte nichts. Die ersten Wochen nach der Pensionierung haben mir gutgetan, ich konnte abschalten, war im Urlaub, habe viel Zeit mit Freunden verbracht. Aber dann drängte sich plötzlich die Frage auf: Und was nun? Jetzt bist du erholt und fit – aber wofür? Für wen? Wenn ich während meiner Berufstätigkeit Sport trieb, wenn ich in den Urlaub fuhr, dann immer mit der Motivation, effizienter arbeiten zu können. Die Arbeit gab mir eine klare Perspektive, auf die alles ausgerichtet war. Das hat mir gutgetan. Aber jetzt?! Jetzt habe ich keine Arbeit mehr. Und keine Perspektive.«

Ich wollte gerade etwas Aufmunterndes sagen, als er hinzufügte: »Mein Psychologe hat mir geraten, mir ein Hobby zu suchen, eine Weiterbildung zu machen oder Sport zu treiben.«

»Das sind doch gute und sinnvolle Tipps.«

»Ich weiß nicht. Mir kommt es vor, als sei das nur Beschäftigungstherapie. Ich soll mich mit irgendwelchen Hobbys oder sportlichen Aktivitäten ablenken, bis der Tod mich holt. Dann kann ich ja gleich sterben. Ich sehe keinen Sinn mehr, ich habe kein Ziel, auf das ich hinarbeite.«

»Und wie war das früher, vor Ihrer Pensionierung?«

»Meine Ziele waren immer glasklar: zum Beispiel die Auflage unserer Zeitung zu einem bestimmten Zeitpunkt auf ein bestimmtes Niveau zu bringen, diesen Autor oder jene Autorin zu gewinnen, Werbeeinnahmen in einer bestimmten Höhe zu erzielen oder so und so viele Texte bis zum Redaktionsschluss fertig zu haben.«

»Hatten Sie im Privaten auch solche klar definierten Ziele?«

»Mein Studium, Kommunikationswissenschaft, habe ich planmäßig absolviert. Ich habe geheiratet und zwei wunderbare Töchter sowie drei Enkelkinder bekommen, schöne Urlaube gehabt. Im Grunde habe ich alles erreicht.«

»Aber waren das Ihre Ziele im Leben? Oder waren es nur einzelne Stationen?«

»Was ist der Unterschied?«

»Für mich sind Ziele sinnstiftend, Stationen im Leben hingegen eine Art Erledigung oder Etappen.«

»Aber Erledigungen und Etappen haben auch einen Sinn. Sie selbst sind der Sinn. Mein Studium hat mir einen Sinn gegeben, meine Ehe, meine Kinder, meine Reisen. Das waren erfüllende Lebensabschnitte. Sie alle haben meinem Leben Sinn verliehen.«

»Sie haben vollkommen recht, ich will es anders formulieren: Einzelne Lebensstationen geben dem Leben tatsächlich Sinn. Aber dann verstehe ich nicht, warum Sie danach, also jetzt, keinen Sinn mehr in Ihrem Leben sehen.«

»Das verstehe ich auch nicht. Und genau deshalb bin ich hier. Ich wollte auf dem Jakobsweg nach meiner Bestimmung suchen. Ich will mich nicht einfach bis zu meinem Tod mit einem Hobby beschäftigen, nur um mich zu beschäftigen.«

»Kann aber nicht auch ein Hobby einen Sinn haben? Ich wäre an Ihrer Stelle nicht so pessimistisch.«

Unser Gespräch wurde vom Inhaber der Pension unterbrochen. Keuchend eilte er herbei und entschuldigte sich, dass die Rezeption nicht besetzt war: »Normalerweise ist meine Frau hier und hilft, aber sie musste die Wäsche in die Wäscherei bringen.«

Ich beruhigte ihn: »Das ist absolut kein Problem, nur keinen Stress. Der nette Herr hier und ich haben gerade eine gute Unterhaltung über den Sinn des Lebens.«

»Ich nehme an, dass Sie trotzdem erst einmal Ihren Zimmerschlüssel haben wollen, oder? Sie sehen erschöpft aus. Ihre Augen sind ganz rot und leicht geschwollen.«

Tatsächlich, ein Zimmer und ein erholsames Bett würden mir jetzt guttun. Ich nahm den Schlüssel dankend entgegen und verabschiedete mich. Im Zimmer gab es nur eines: ab unter die Dusche! Das heiße Wasser war Balsam für meine verspannten Beinmuskeln und meine steinharten Schultern, die den ganzen Weg über den etwa zehn Kilo schweren Rucksack zu schleppen hatten. Ich dachte über die Aussagen des alten Herrn nach. Mir kam ein Geistesblitz. Hatte ich nicht eben zum ersten Mal eine halbwegs überzeugende Antwort auf meine Frage nach dem Sinn des Lebens bekommen? Na ja, sagen wir so, es war ein Denkanstoß. Aber der half mir. Aus Angst, ihn zu vergessen, stieg ich schnell aus der Dusche und kramte hektisch meinen Notizblock hervor. Tropfnass notierte ich folgende Überlegungen:

Begegnung mit dem Rentner, der auf dem Sofa in der kleinen Pension in der Stadt Arzua saß:

- Dem Mann ging es gut, solange er klare Ziele im Leben verfolgte.
- Diese Ziele waren klar definierte Schritte: kleine oder große, sowohl im beruflichen als auch im privaten Kontext. Die meisten seiner Ziele waren beruflicher Natur.
- Er schien sein ganzes Leben auf die Arbeit ausgerichtet zu haben: Urlaub, Freizeit, Fitness, gesunde Ernährung – alles sollte dazu beitragen, besser und effizienter arbeiten zu können.

- Familie und Hobbys waren zweitrangig. Sie hatten keinen direkten Bezug zur Arbeit.
- Trotzdem fühlte sich der Mann erfüllt. Er war glücklich darüber, seine privaten Ziele (Studium, Familie, Urlaub) erreicht zu haben, wobei Studium und Urlaub mehr oder weniger im Dienst der Arbeit standen.
- Nun ist er in Pension: keine Arbeit, keine Ziele mehr.

Ich fasste wie folgt zusammen:

- Wir Menschen scheinen kleine, individuelle Ziele im Leben zu brauchen. Für den Mann bestanden sie darin, sich Woche für Woche als Chefredakteur darum zu kümmern, dass die nächste Ausgabe seiner Zeitung stand, dass eine bestimmte Auflage erreicht wurde und so weiter.
- Sobald diese Ziele erreicht sind, suchen wir nach weiteren kleinen Zielen. Solange uns das gelingt und wir unser Leben darauf ausrichten, führen wir ein erfülltes Leben.
- Ändern sich die Rahmenbedingungen – in seinem Fall war es die Pensionierung –, sodass wir diese Ziele nicht mehr definieren können, fallen wir in ein Loch.
- Daraus leite ich ab: Die kleinen Ziele im Leben sind zwar existenziell notwendig, aber sie müssen offensichtlich in einen größeren Rahmen eingebettet werden.
- Neben den kleinen Zielen, den kleinen Schritten im Leben benötigen wir immer auch ein großes Ziel, so etwas wie ein Dach, das jeder für sich selbst finden muss.

Ich klappte den Block zu und ärgerte mich über die Wassertropfen auf dem Papier. Auf dem Boden war eine Pfütze entstanden. Ich hätte mich vorher abtrocknen sollen. Ich ging zurück unter die Dusche. Mir kam der Ausdruck »große Erzählung« in den Sinn. Ich eilte wieder aus der Dusche zu meinem Notizblock und notierte:

- Jeder Mensch benötigt für sich eine »Große Erzählung«. Ich schrieb das Wort bewusst mit einem großen »G«.

Ich wollte dringend noch einmal mit dem Mann sprechen. Schnell trocknete ich mich ab, zog mich an und eilte nach unten zur Rezeption. Leider saß der Rentner nicht mehr auf dem Sofa. Ich fragte den Pensionsinhaber.

»Er ist im Speisesaal, es gibt gleich Abendessen. Wollen Sie nicht auch etwas essen? Das müssen Sie aber extra bezahlen, Sie haben nur Frühstück gebucht.«

»Was gibt es denn?«

»Cocido Madrileño.«

»Und was ist das?«

»Das ist ein Kichererbseneintopf. Er besteht aus Gemüse, Kartoffeln und Fleisch, das gibt Kraft. Und Sie brauchen doch sicher viel Energie für Ihren Weg nach Santiago de Compostela.«

»Was ist das für Fleisch, wenn ich fragen darf?«

»Rindfleisch.«

»Prima! Dann gehe ich jetzt auch zum Abendessen.«

Der Rentner saß allein am Tisch, er wirkte unglücklich und in sich zusammengefallen.

»Darf ich mich zu Ihnen setzen?«

»Aber selbstverständlich. Sie wissen jetzt eine ganze Menge über mich, und ich weiß nichts über Sie.«

»Sagen wir so, wir beide haben etwas gemeinsam: Wir beide sind Suchende. Auch ich suche nach der Antwort auf die Frage nach dem großen Sinn des Lebens.«

»Und, sind Sie fündig geworden?«

»Dasselbe wollte ich Sie eigentlich fragen.«

»Wenn ich fündig geworden wäre, würde es mir besser gehen, aber wie gesagt, seit ich nicht mehr arbeite, finde ich mein Leben sinnlos. Ich bin nutzlos geworden.«

»Ich habe vorhin darüber nachgedacht und möchte mit Ihnen gerne meine Gedanken dazu teilen. Ich entschuldige mich schon jetzt, falls ich etwas anmaßend klingen sollte.«

Mit einem großen Lächeln im Gesicht erwiderte er: »Machen Sie sich keine Gedanken, schlimmer kann es mir ohnehin nicht gehen.«

»Ich meine, vielleicht haben Sie sich in diesen kleinen Zielen im Leben verloren. Alles hat funktioniert, solange es diese Ziele gab, aber Sie haben sie und sogar sich selbst sehr stark über die Arbeit definiert. Nun ist die Arbeit weg, die Ziele sind weg, der Sinn des Lebens ist weg. Heißt das nicht, dass wir eigentlich ein größeres Ziel verfolgen müssten? Ein Ziel jenseits der kleinen Ziele und einzelnen Schritte im Leben, aber auch jenseits der Nützlichkeit? Würde nicht ein übergeordnetes Ziel dem Leben einen großen Sinn geben?«

»Was könnte das denn für ein Ziel sein? Wie sieht es zum Beispiel bei Ihnen aus?«

»Ich kann nur von mir selbst sprechen. Ich persönlich habe einen tiefen Glauben an Gott. Für mich ist der Glaube ein Geschehen, ein Prozess, der darin besteht, meine Liebe zu Gott durch mein tägliches Handeln, meine Einstellungen und meinen Charakter zu bezeugen. Das heißt, ich definiere für mich zwar kleine Ziele, ordne diese jedoch in das übergeordnete Ziel ein, Gottes Liebe bezeugen zu wollen. Dazu ein oder zwei Beispiele: Ich bin Theologe und schreibe Bücher. Meine Bücher verbindet ein roter Faden: Ich möchte ein weltoffenes Verständnis vom Islam entwickeln und etablieren. Einen Islam jenseits einer

Gesetzesreligion, jenseits der Scharia als juristisches Schema, das möglichst alle Lebensbereiche erfassen und bestimmen will. Jedes Buch hat einen festen Abgabetermin. Diesen einzuhalten, ist ein kleines Ziel unter vielen, aber das große Ziel bleibt für mich, im Sinne meiner Beziehung zu Gott zu handeln, die ich als Liebesbeziehung zu verwirklichen versuche. Es ist, so glaube ich jedenfalls, im Sinne Gottes, wenn ich mich für die Entfaltung der Liebespotenziale in meiner Religion einsetze und gerade den Muslimen den Islam als eine Religion der Liebe und nicht der Gesetze und Restriktionen nahebringe. Dies gilt genauso für die Gott-Mensch-Beziehung. Wie ich den Islam verstehe, handelt es sich um eine Liebesbeziehung, die hier und jetzt in der Welt durch das eigene Handeln im Sinne der Liebe bezeugt werden will.«

»Ich kann dazu nichts sagen, ich kenne mich in Religionen nicht aus. Ich weiß nur, dass der Islam vielen Menschen, zu denen ich mich auch zähle, große Angst macht. In den Nachrichten höre ich immer wieder von terroristischen Anschlägen, die von Muslimen verübt werden – und das macht mir natürlich Angst. Was Sie über die Liebe im Islam erzählen, klingt sehr sympathisch. Ich hätte den Islam nicht mit Liebe in Verbindung gebracht. Aber was sagten Sie? Sie sind ein Theologe, Sie werden sich schon auskennen! Wobei ich mich frage, warum wir von diesem Verständnis vom Islam kaum oder nie etwas hören. Teilen andere Muslime Ihre Ansichten?«

»Ich mache immer wieder die Erfahrung, dass Muslime, wenn sie nicht viel mit Theologie zu tun haben, in der Regel offene Menschen sind, die mit gesundem Menschenverstand den Islam im Sinne von Liebe und Barmherzigkeit verstehen und leben. Anders ist es, wenn man in einer konservativen Moscheegemeinde sozialisiert wurde oder einen konservativen Religionsunterricht besucht hat – dann sind viele nicht mehr so weltoffen.«

»Wie gesagt, ich kenne mich damit nicht aus. Ich glaube aber, dass es dieses Problem in allen Religionen gibt. Die, sagen wir, normalen Gläubigen sind meist entspannt und suchen in ihrem Glauben nach Halt, Sicherheit, Trost und nach dem, was Sie vorhin erwähnt haben, nach Potenzialen der Liebe. Problematisch wird es, wenn die Machtfrage hinzukommt. Für viele religiöse Institutionen und viele Akteure in diesen Institutionen geht es bei Religion um Macht, wobei auch ich hier nicht pauschalisieren möchte. Gott wird schnell zum Instrument der Machtlegitimation.«

»Und genau das ist das Problem, das wir beim heutigen Islam haben. Er wird mehr für Macht und die Durchsetzung politischer Agenden instrumentalisiert als wirklich im Sinne der Nächstenliebe gelebt. Zum Glück interessieren sich die meisten Muslime nicht für diese Machtfragen und suchen in ihrer Religion mehr nach Orientierung und Halt, aber auch nach Trost und Hoffnung.«

»Sie werden sicher auf viel Widerstand Ihrer religiösen Hierarchien stoßen, oder?«

»Ja, allerdings. Es ist sogar so schlimm, dass ich seit elf Jahren unter Polizeischutz lebe.«

»Unglaublich! Warum tun Sie sich das an? Macht Ihnen Ihre Arbeit nicht Angst und gibt Ihnen ein unsicheres Gefühl?«

»Gut, dass Sie fragen – das bringt uns zu unserem ursprünglichen Thema zurück. Ich höre häufig die Frage: ›Warum tun Sie sich das an?‹ Viele, sogar meine eigenen Eltern, fragen mich ständig, warum ich Bücher schreibe und Vorträge halte, die provokante Thesen vertreten. Meine Mutter meint immer wieder: ›Ich mache mir Sorgen um dich! Warum schreibst und sagst du nicht einfach Dinge, die dir keinen Stress bereiten?‹ Was meine Mutter und die anderen nicht verstehen: Das, was ich tue, tue ich aus Überzeugung. Aus der Überzeugung, dass dadurch vielen Menschen geholfen wird und dass dies im Dienste von Gottes Botschaft nach Liebe geschieht. Gott will den Menschen helfen, er will seine Liebe mit uns Menschen teilen, aber er tut es nicht direkt selbst, sondern durch uns Menschen, wenn wir uns in Freiheit zur Verfügung stellen. In der Theologie sagen wir, dass Gott nicht unmittelbar in die Welt eingreift, sondern das Ruder uns Menschen überlässt und erwartet, dass wir seine Hände, sein Werkzeug, also Hände und Werkzeuge der Liebe, sind. So bleibt die Freiheit des Menschen bewahrt, und zugleich verändert sich etwas in der Welt. Wenn ich mich für meine eigene Bequemlichkeit entscheiden und im Sinne meiner Mutter handeln würde, indem ich mich zurückziehe und die Gedanken, von denen ich überzeugt bin, dass sie anderen helfen können, nur für mich behalte, dann wäre das, als hätte ich Gott das Ruder zurückgegeben und ihm gesagt: ›Es tut mir leid, lieber Gott, ich stehe nicht zur Verfügung.‹ Aber dann wäre mein Leben nicht mehr auf Gott ausgerichtet. Das ist aber mein großes Ziel, meine große Erzählung. Ich lebe und mache, was ich mache, weil ich mich als Hand der Liebe Gottes definiere.

Bevor ich eine Entscheidung treffe oder etwas tue, bin ich stets bemüht, mir folgende Frage zu stellen: ›Ist das im Sinne deiner großen Erzählung?‹ Natürlich gelingt mir das nicht immer. Manchmal hat man seine schwachen Momente und entscheidet oder handelt im Widerspruch zu dieser Erzählung. Mir ist nur wichtig, dass ich in der Lage bin, mich selbst rechtzeitig aufzufangen, damit ich mein übergeordnetes Ziel nicht aus dem Blick verliere. Das ist wie meine Gebetskette, die ich ständig bei mir trage. Hin und wieder löst sich eine Perle von der Kette. Irgendwann lege ich sie wieder an ihren Platz, mehrere Perlen lösen sich, und ohne dass ich mich darum kümmere, löst sich die ganze

Kette. Verstehen Sie mich? Verstehen Sie, warum ich meine, dass man eine große Erzählung braucht, ein übergeordnetes Ziel im Leben? Es ist das Navi, das einen ständig begleitet und für Orientierung sorgt.«

Der Mann überlegte. »Mich überzeugt das große Ziel oder die große Erzählung, wie Sie es nennen, nicht wirklich. Ich würde Ihnen das gern erklären, aber zuvor noch: Sie haben vorhin gesagt, dass Sie auf der Suche nach einer Antwort auf die Frage nach dem Sinn des Lebens sind. Mir scheint, als hätten Sie längst, zumindest für sich selbst, eine klare Antwort gefunden …«

»Stimmt, ich habe ein übergeordnetes Ziel für mich definiert, aber eben nur für mich. Was ich suche, ist ein übergeordnetes Ziel im Leben, das wir alle teilen. Und das finde ich nicht.«

»Okay, da bin ich erleichtert. Ich dachte schon, Sie wollen mir erzählen, dass wir alle Ihr persönliches Ziel teilen müssen und dass dies auf eine Liebesbeziehung zwischen Ihnen und Gott hinausläuft. Ich persönlich glaube nicht an Gott. Ich könnte mit so einem übergeordneten Ziel nichts anfangen. Wie sind Sie überhaupt auf dieses Ziel gekommen? Lernt man das im Religionsunterricht in der Schule? Oder in der Moschee?«

»Mein übergeordnetes Ziel habe ich für mich in den letzten Jahren definiert, und zwar nach einer Reihe von Schicksalsschlägen und Niederlagen, privat und beruflich. Nur einige Beispiele: Der herbe Verlust von Menschen, die mir viel bedeutet haben, wie meine Oma oder mein Onkel, der in jungen Jahren an Krebs verstarb, haben mir hautnah vor Augen geführt, dass wir Menschen vergänglich sind. Als mein Bruder mit nur 49 Jahren einen Herzinfarkt erlitt, stand er gerade am Eingang eines Krankenhauses in Wien, weil sein Hausarzt ihn wegen der Schmerzen im linken Arm dorthin überwiesen hatte. Wäre er noch zu Hause oder unterwegs gewesen, wäre er heute nicht mehr unter uns. Ein Wiener Journalist, mit dem sich eine gewisse Freundschaft entwickelt hat, schrieb mir im Juli vor fünf Jahren. Er fragte, ob wir uns privat treffen könnten. Er würde gerne von Mensch zu Mensch mit mir sprechen, jenseits von Arbeit und formellen Interviews. Ich lebte zu diesem Zeitpunkt nicht mehr in Wien, sondern in Deutschland und war tief in meine Arbeit an der Universität versunken. Ich las die E-Mail und dachte, okay, irgendwann melde ich mich bei ihm, und sobald ich wieder in Wien bin, treffen wir uns. In besagtem Sommer war ich tatsächlich in Wien, hatte seine Mail aber völlig vergessen. Kurze Zeit später erhielt ich die Nachricht, dass er sich das Leben genommen hatte. Ich konnte ein paar Tage nichts mehr essen und schon gar nicht mehr arbeiten. Ich lag nur noch im Bett und habe geheult. Mein schlechtes Gewissen hat mich fertiggemacht. Wieder und wieder las ich seine Mail. Und zwischen den Zeilen erkannte ich, dass es ein Hilferuf war. Er hatte mich gebraucht. Er brauchte ein offenes Ohr, einen vertrauensvollen Gesprächspartner, und er hoffte, dass ich für ihn da sein würde. Aber nein, ich hatte ihn einfach im Stich gelassen. Ich war nicht da. Ich war nur mit meiner Arbeit beschäftigt. Spätestens da beschloss ich, mein Leben zu ändern. Zukünftig wollte ich mir mehr Zeit für mein soziales Umfeld nehmen. Ich begann, mich von der einseitigen Fokussierung auf meine Arbeit zu lösen.

Hinzu kommt, dass ich seit meiner Kindheit an einer Augenkrankheit leide, die meine Sehkraft immer ein Stück mehr beeinträchtigt. Ich werde zwar nicht blind werden, aber der Arzt sagte mir: ›Sie müssen damit rechnen, dass Sie eventuell nicht bis zum Rentenalter lesen und schreiben können und in Frührente gehen müssen. Wenn Sie Glück haben, bleibt Ihr Sehvermögen einigermaßen stabil und nimmt nur minimal ab.‹ Nach dieser Diagnose hatte ich mir genau die Fragen gestellt, die Sie sich heute stellen, nur eben früher. Ich meine die Frage, wie es danach weitergehen soll. Was mache ich nach der Pensionierung? Ich dachte und denke wegen meiner Augenerkrankung oft an eine Frühpensionierung. Was könnte mein Leben ausfüllen? In meiner Arbeit habe ich eine leitende Funktion. Klar, das ist nicht immer die dankbarste Aufgabe, denn die meisten Menschen um mich herum wollen etwas von mir, sei es einen Job, eine Vertragsverlängerung, eine Aufstockung, eine Gehaltserhöhung, was auch immer. Wenn ihre Erwartungen erfüllt werden, sind sie loyal, aber sobald sie nicht bekommen, was sie wollen, zeigen sie in der Regel eine ganz andere Seite. Und wenn man Pech hat wie ich, dann finden solche Verhaltensmuster auch im privaten Umfeld statt.

Ich bin heute sehr dankbar für all diese Schicksalsschläge. Sie haben mir unglaublich geholfen, mich rechtzeitig aufzurappeln und mir über viele Dinge Gedanken zu machen, über die man normalerweise erst später nachdenkt. In diesem Prozess des Nachdenkens habe ich Gott für mich entdeckt. Als geborener Muslim glaubt man zwar an Gott, aber mit Gott entdecken meine ich, in Gott meinen Hauptansprechpartner zu finden. Er ist inzwischen die Quelle meiner Kraft, meiner Hoffnung, meines Trostes. Er ist das, worauf ich mein Leben ausrichte. Menschen kommen und gehen, auch diejenigen, von denen man volle Loyalität erwartet hätte. Selbst enge Verwandte sind irgendwann aus verschiedenen Gründen weg oder in ihrer eigenen Welt beschäftigt. Aber Gott bleibt.

Als gläubiger Muslim glaube ich an die Wiederauferstehung nach dem Tod, daran, in Gottes Gegenwart zu gelangen. Bei ihm findet der endgültige Aufenthalt statt. Wir reden über die Ewigkeit. Der ewige Aufenthalt ist nicht hier, nicht in dieser Welt, also wäre es doch verkehrt, sein Leben auf diese Welt auszurichten. Ich würde wahrscheinlich eine Sinnkrise bekommen, wenn ich mein Leben auf etwas Vergängliches ausrichten müsste. Dann wäre ja auch der Sinn meiner Existenz vergänglich. Mein Leben jedoch auf die Ewigkeit auszurichten, gibt mir eine völlig andere Perspektive, in der viele Dinge, die mir jetzt groß und wichtig erscheinen, plötzlich an Bedeutung verlieren. Ob ich noch den einen oder anderen Kampf gewinne, den einen oder anderen Konkurrenten besiege, den einen oder anderen Titel bekomme – all das scheint plötzlich unwichtig. Was viel wichtiger ist: für seine Mitmenschen da zu sein, das Leid in der Welt zu verringern, Menschen Glück zu schenken, Armen zu helfen … Es gib viele solcher humanen Aspekte. Das heißt nicht, dass man sich zurücklehnen und passiv durchs Leben gehen, sondern dass man sich bemühen soll, viel zu erreichen, allerdings nicht als Selbstzweck, um einfach sagen zu können, ich habe dies und jenes erreicht, sondern um das Leben für sich und andere lebenswerter zu machen.«

Während ich redete und redete, erinnerte ich mich plötzlich an mein Gespräch mit dem Baum. Der Baum hatte mich darauf hingewiesen, dass der Sinn der Natur darin bestehe, deren Existenz zu bewahren. War das nicht genau das, was ich dem Rentner über den Sinn unserer Existenz erzählt hatte?

Ich musste für wenige Sekunden abwesend gewesen zu sein, denn er fragte mich: »Aber warum denken wir über den Sinn des Lebens erst im fortgeschrittenen Alter nach, wenn überhaupt?«

»Ich würde das nicht pauschalisieren. Es gibt sicher viele Menschen, die sich schon in jungen oder mittleren Jahren mit dieser Frage beschäftigen und viel klügere Antworten finden als wir. Was ich aber in der Vergangenheit bei mir selbst und bei vielen anderen, auch bei Ihnen, beobachtet habe, ist, dass wir uns so sehr auf diese kleinen Ziele im Leben konzentrieren, dass wir den großen Zusammenhang aus den Augen verlieren oder nie darüber nachdenken. Und wenn man Glück hat, ist man in einer Dauerschleife mit den kleinen Zielen beschäftigt und findet immer wieder neue. Dann gerät man nicht in das Dilemma, über den großen Sinn des Lebens nachdenken zu müssen.«

»Das ist doch eine echte Überforderung: Muss jeder für sich einen übergeordneten Sinn für sein Leben finden? Kann nicht auch das jeweils kleine Ziel den Sinn des Lebens ausmachen? Dann bestände die Kunst darin, für sich immer wieder ein kleines Ziel zu definieren. Schwierig würde es nur, wenn wir aufhörten, uns überhaupt Ziele zu setzen. Moment, jetzt leuchtet mir ein, was der Psychologe damit meinte, als er sagte, ich solle mir ein Hobby zulegen oder einen Kurs besuchen. Ich habe das als reine Beschäftigungstherapie gedeutet, bis sich der Tod meldet. Ein Denkfehler! Denn ein Hobby kann auch als kleines Ziel der große Sinn meines Lebens sein. Interessant … Aber Ihre Ansicht überzeugt mich trotzdem nicht, dass man einen übergeordneten Sinn für das Leben braucht. Reichen nicht die kleinen Schritte, auf die man sich konzentriert?«

»Meine Position ist: Die kleinen Schritte, die kleinen Ziele sind wichtig, aber sie reichen nicht aus, wenn sie nicht Teil eines übergeordneten Ziels sind. Zwei Argumente gegen Ihre Position. Erstens: Kleine Ziele erfüllen unser Leben nur, wenn es uns gelingt, immer wieder neue zu definieren. Ist das Jagen nach Zielen nicht eine Art Ablenkung, um sich ja nicht mit der Frage auseinandersetzen zu müssen, was wir hier in der Welt überhaupt tun, also mit der Frage nach dem eigentlichen Sinn? Sie selbst sind ja das beste Beispiel dafür. Bitte entschuldigen Sie meine Offenheit: Ihre Sinnkrise und Ihre Depression kamen doch erst, als Sie keine kleinen Ziele mehr im Leben verfolgt haben, weil Sie keine mehr definieren konnten, oder? Arbeit weg, Ziele weg,

Sinn des Lebens weg. Und zweitens: Würden diese kleinen Ziele nicht eine tiefere Bedeutung bekommen, wenn sie im Dienste eines übergeordneten Ziels verfolgt würden?«

»Okay, aber auch ich habe zwei Gegenargumente. Das erste: Wenn ich ein übergeordnetes Ziel habe, laufe ich Gefahr, die kleinen Ziele aus den Augen zu verlieren, die für das Erreichen des großen Ziels entscheidend sind. Sie könnten dann schnell relativiert oder durch andere kleine Ziele ersetzt werden. Mein zweites Gegenargument: Können nicht auch große Ziele irgendwann erreicht werden? Dann hätten wir dasselbe Problem. Man steht plötzlich in einem leeren Raum ohne Ziel. Mir fällt sogar gerade noch ein drittes Argument ein: Es ist leicht, die kleinen Ziele klar zu definieren, und das vereinfacht es, sie zu erreichen. Aber ein übergeordnetes Ziel, wie Sie es definiert haben, eine Hand der Liebe Gottes zu sein, so sympathisch und berührend sich das anhört – das ist weder klar zu fassen noch in Zahlen oder in konkreten Schritten zu definieren. So ein übergeordnetes Ziel ist mir zu allgemein, damit kann ich nichts anfangen. Verstehen Sie, was ich meine?«

»Vielleicht ist der Begriff des übergeordneten Ziels, den ich immer wieder verwende, nicht geeignet, das auszudrücken, was ich meine. Ich habe vor einigen Tagen einen Podcast gehört. Es ging um das Thema Prokrastination. Also darum, dass wir Aufgaben, die dringend erledigt werden müssen, gerne verdrängen und aufschieben und stattdessen andere Dinge tun, um uns von den eigentlichen Aufgaben abzulenken. Das kann ich oft bei mir selbst beobachten, und bisher dachte ich, dass es an meinem schlechten Zeitmanagement liege. Ich habe jedoch gelernt, dass ein klar definiertes übergeordnetes Ziel dabei helfen kann, dieses Problem zu überwinden. Ein solches Ziel motiviert auf jeden Fall. Aber Sie haben vollkommen recht: Wenn ich von einem übergeordneten Ziel spreche, dann nicht im Sinne einer großen Aufgabe, die man irgendwann erledigt hat. Vielleicht sollte ich nicht mehr von einem großen Ziel sprechen, sondern eher von Orientierung oder, wie ich mir notiert hatte, von einer ›großen Erzählung für das Leben‹, die dem ganzen Leben einen Rahmen gibt, eine tiefe Bedeutung, eben einen übergeordneten Sinn.«

»Und wer sagt einem, was diese große Erzählung ist?«

»Gute Frage.« Ich überlegte kurz. »Ich glaube, jeder muss für sich seine eigene Großerzählung definieren. Vielleicht hilft es, den großen Sinn zu finden, wenn man die Dinge vom Ende her denkt.«

»Was meinen Sie damit?«

»Stellen Sie sich vor, wir würden unser Leben kurz nach unserem Tod Revue passieren lassen und uns fragen: ›Wofür habe ich das alles in meinem Leben getan? Wo sehe ich den roten Faden, der alles miteinander verbindet? Was würde ich heute anders machen, wenn ich mein Leben noch einmal leben könnte? Nach welchen Kriterien würde ich diese Fragen beantworten?‹«

»Ich glaube aber nicht an ein Leben nach dem Tod.«

»Darum geht es mir gar nicht. Ich meine, rein hypothetisch, wenn wir im Grab liegen und über alles nachdenken könnten, was wir im Leben getan haben: ›Das und das war in Ordnung, darauf bin ich stolz und würde es heute wieder so machen, aber das und das war nicht in Ordnung.‹ Nach welchem Kriterium würden wir unsere Handlungen beurteilen? Ich persönlich würde mich fragen, ob ich im Sinne meiner Liebesbeziehung zu Gott gehandelt habe. Ich bin Gott Rechenschaft schuldig, aber nicht in dem Sinne, dass er mit dem Stock auf mich wartet, um mich zu tadeln oder sogar zu bestrafen, wie man es oft in fundamentalistischen und manchen konservativen Gemeinden und Elternhäusern hört, sondern ob ich unserer Liebesbeziehung treu war, ob ich sein Werkzeug war oder ob ich ihn versetzt habe, als er mich gebraucht hätte.

Was mich sehr berührt, ist eine Erzählung des Propheten Mohammed: ›Im Jenseits wird Gott einen Mann fragen: Ich war krank, und du hast mich nicht besucht, ich war hungrig, und du hast mir nichts zu essen gegeben, und ich war durstig, und du hast mir nichts zu trinken gegeben. Der Mann wird daraufhin erstaunt fragen: Aber du bist Gott, wie kannst du krank, hungrig oder durstig sein?! Da wird Gott ihm antworten: Am Tag soundso war ein Bekannter von dir krank, und du hast ihn nicht besucht; hättest du ihn besucht, hättest du mich dort, bei ihm, gefunden. An einem Tag war ein Bekannter von dir hungrig, und du hast ihm nichts zu essen gegeben, und an einem Tag war ein Bekannter von dir durstig, und du hast ihm nichts zu trinken gegeben.‹ Diese Geschichte erinnert an das Matthäusevangelium, Kapitel 25, wo Ähnliches erzählt und anschließend betont wird: ›Was ihr für einen meiner geringsten Brüder getan habt, das habt ihr mir getan.‹ Gott selbst ist also im bedürftigen Menschen gegenwärtig. Jedes menschliche Zeugnis erbarmender Liebe gegenüber dem Mitmenschen ist deshalb eine Antwort auf die Liebe Gottes. Wenn ich mich aber gegenüber dem Armen, dem Bedürftigen oder dem, der mich braucht, ignorant verhalte, dann zerstöre ich damit meine Liebesbeziehung zu Gott, denn durch meine Ignoranz habe ich Gott versetzt, indem ich seine Liebe nicht angenommen habe.

Mein Ziel ist es, das Antlitz des barmherzigen Gottes im Angesicht jedes Menschen zu erkennen und Gott im Mitmenschen zu dienen. Daher ist Gottesdienst immer auch Dienst an der Schöpfung. Dort, wo man eine Hand der Barmherzigkeit und der Güte ausstrecken kann, manifestiert sich Gott: Dort sind Liebe und Barmherzigkeit, dort ist Gott. Dort, wo eine Mutter ihr Kind umarmt, dort, wo man einen Menschen anlächelt, überall dort, wo man ein Zeichen der Güte, der Liebe und der Barmherzigkeit setzt, dort bewirkt man die Offenbarung von Gottes Barmherzigkeit, dort macht man Gott erfahrbar. Barmherziges Handeln macht Gott gegenwärtig. Durch sein barmherziges Handeln bezeugt der Mensch die Liebe Gottes und lässt sie Wirklichkeit werden. Eine Verweigerung der Liebe gegenüber anderen ist ein Selbstausschluss aus Gottes Barmherzigkeit, ein Nein zu Gottes Liebe. Die Liebe des Menschen zu Gott muss sich in der tätigen Barmherzigkeit in der Gesellschaft ausdrücken.«

»Ich verstehe Sie. Aber würde ich als jemand, der nicht an Gott glaubt, sagen, dass ich mein eigenes Handeln nach ethischen Maßstäben beurteile? Habe ich hier und da ethisch korrekt gehandelt oder nicht? Ich sehe nicht, wo in diesem ethischen Kriterium eine Großerzählung steckt, die meinem Leben Sinn geben soll.«

»Deswegen spreche ich nicht von einem Kriterium, um das eigene Handeln zu beurteilen, sondern von einem großen Sinn, von einer Großerzählung, die nicht nur als Kriterium des Urteilens funktioniert, sondern sinnstiftend und orientierungsgebend sein soll. Dabei ist sie auch eine Quelle der Motivation, um das Leben aktiv zu gestalten. Ein ethisches Kriterium hilft beim Urteilen, bewegt aber nicht unbedingt zum aktiven Handeln und stiftet auch keinen übergeordneten Sinn für unseren Lebensentwurf.«

»Allerdings! Ich muss in Ruhe darüber nachdenken, ob und inwieweit wir Menschen einen übergeordneten Sinn in unserem Leben brauchen. Im Moment überzeugt mich jedenfalls die Suche nach dem Sinn in den kleinen Schritten des Lebens. Dass wir unser Leben auch noch mit einer Großerzählung überfrachten sollen, da bin ich etwas skeptisch.«

Das Gespräch mit dem Rentner hatte mich sehr herausgefordert, vielleicht sogar überfordert. Ich musste darüber nachdenken. Im Moment konnte ich mir nicht vorstellen, nur für den Augenblick zu leben, ohne ein übergeordnetes Ziel zu definieren. Wenn ich zum Beispiel aus gesundheitlichen Gründen meinen Hobbys nicht mehr nachgehen könnte, keine Weiterbildungskurse mehr besuchen könnte, was dann? Was mache ich, wenn ich es nicht mehr vermag, mir klare Ziele zu setzen, die ich auch realistisch erreichen kann? Was würde mir dann das Gefühl von Erfüllung geben? Was würde mich motivieren weiterzumachen? Was würde mein Leben noch lebenswert machen?

Selbsterkenntnis oder der lange Weg, sich selbst zu lieben

Als ich am nächsten Morgen aufwachte, war es schon neun Uhr. Ich musste so müde gewesen sein, dass ich nicht mehr wusste, wie ich eingeschlafen war. Nach dem Gespräch mit dem Rentner war ich geistig regelrecht erschöpft, und der lange Schlaf war wohl eine Art Flucht vor all den Widersprüchen in meinem Kopf. Zum Glück hatte ich etwas abschalten können und fühlte mich mental wieder fit. Nur die Krämpfe in den Schultern und Beinen waren eine Herausforderung, an die ich mich allerdings langsam zu gewöhnen schien.

Beim Abschied fragte ich den Inhaber der Pension, ob der Rentner noch da sei. Bedauernd sagte er, dieser habe sich schon um acht Uhr auf den Weg gemacht. Ob er vielleicht eine Nachricht für mich hinterlassen habe, fragte ich nach. »Nein, er ist in der Früh ohne eine Nachricht gegangen, tut mir leid.« Einerseits war ich erleichtert, das anstrengende Gespräch nicht fortführen zu müssen, andererseits etwas enttäuscht, dass er sich nicht von mir verabschiedet hatte. Der Inhaber der Pension sah mir das an, obwohl ich versucht hatte, durch ein aufgesetztes Lächeln völlig entspannt zu wirken. Wahrscheinlich hatte ich doch unbewusst das Bedürfnis, meine Gedanken mit dem Rentner weiter zu teilen.

»Er geht sicher davon aus, dass ich ihn einholen werde und wir unsere Unterhaltung auf dem Weg nach Santiago de Compostela fortsetzen«, dachte ich. »Er weiß ja nicht, dass ich den Jakobsweg in umgekehrter Richtung laufe. Unsere Wege werden sich also mit hoher Wahrscheinlichkeit nicht mehr kreuzen. Wir haben auch keine Kontaktdaten ausgetauscht. Er ist mir einfach abhandengekommen. Vielleicht ist es auch gut so«, tröstete ich mich, »damit mein Kopf zur Ruhe kommen und ich mich besser auf den Weg konzentrieren kann.«

Auf dem Weg nach Palas de Rei, meiner nächsten und mit etwa 29 Kilometern längsten Etappe, kamen mir am späten Vormittag nicht mehr so viele Leute entgegen wie an den beiden Tagen zuvor. Das lag sicher auch an der intensiven Maisonne. Die meisten Pilger starten bereits gegen sieben oder acht Uhr, um gegen Mittag irgendwo einzukehren, wo sie sich vor der Mittagssonne verstecken können. Obwohl ich in Saudi-Arabien zur Schule gegangen bin, einem Land, in dem die Temperaturen in den Sommermonaten durchschnittlich zwischen 40 und 50 Grad liegen, habe ich mich an die Sonne in Europa nie wirklich gewöhnt. In Europa hatte ich sogar eine Sonnenallergie entwickelt, die sich ab Mai bemerkbar macht und ähnliche Symptome aufweist wie meine Allergie gegen Birkenpollen: gerötete und tränende Augen, Niesreiz, eine laufende Nase und Kurzatmigkeit. Zum Glück helfen meine Antihistamintabletten gegen beide Allergien. Interessanterweise hatte ich in Saudi-Arabien auch nie einen Sonnenbrand, obwohl wir als Jugendliche stundenlang in der Sonne Fußball gespielt hatten. Sonnenschutzcremes waren für mich erst eine europäische Entdeckung.

Selbsterkenntnis oder der lange Weg, sich selbst zu lieben

Dass mir nun weniger Leute entgegenkamen, war eine nette Abwechslung. Und genau richtig, denn ich brauchte die Zeit, um in mich zu gehen und mein Leben neu zu sortieren. Nach etwa einer Stunde begegnete ich einer Frau mit schwarzen Haaren, die gerade ein Selfie machte. Ich fragte sie, ob ich ein Foto von ihr machen solle, damit die schöne Gegend auf ihrem Bild besser zur Geltung komme. Mit einem breiten amerikanischen Akzent antwortete sie: »Ja, sehr gerne, das ist sehr nett von dir.«

Ich fragte sie, woher sie komme.

»Aus den USA, aber meine Eltern kommen ursprünglich aus Iran.«

»Bist du auch Muslimin?«

»Nicht wirklich. Meine Eltern sind zwar Muslime, aber ich würde mich nicht als Muslimin bezeichnen. Oder sagen wir so, wenn ich sagen würde, dass ich Muslimin bin, dann würde ich das als eine Art kulturelle Identität bezeichnen, aber nicht im religiösen Sinne. Und woher kommst du?«

»Ich lebe in Deutschland, aber meine Familie stammt ursprünglich aus dem Libanon.«

»Das ist ja interessant. Ich hätte nicht gedacht, dass ich hier auf dem Jakobsweg Muslime treffen würde. Pilgern Muslime auch auf diesem Weg?«

»Normalerweise pilgern Muslime natürlich nach Mekka, aber ich kann mir vorstellen, dass es noch mehr Leute gibt, die den Jakobsweg gehen. Bist du aus religiösen Gründen hier, wenn ich fragen darf?«

Die Dame lachte: »Nein, nein! Ich will mit Religion nichts mehr zu tun haben.«

»Ich kenne viele Iraner oder aus Iran stammende Menschen, die ähnlich denken. Sie wollen mit Religion nichts zu tun haben. Aber du sagtest, ›nichts mehr‹, war das mal anders?«

»Meine Eltern sind in Iran aufgewachsen, sie waren streng religiös. Irgendwann sind sie in die USA gegangen, weil mein Vater dort eine gute Anstellung als Arzt gefunden hatte, und deshalb bin ich in den USA aufgewachsen. Als Kind musste ich immer ein Kopftuch tragen, aber das war mir in der Schule peinlich. Als ich acht Jahre alt war, war ich die Einzige in der Klasse mit einem Kopftuch. In der ganzen Schule waren es vielleicht vier oder fünf Mädchen. Aber mit meinen Eltern konnte ich darüber nicht diskutieren. Für sie war das Kopftuch für Mädchen und Frauen eine der wichtigsten Pflichten im Islam. Ob ich regelmäßig gebetet habe, war für sie weniger interessant.«

»Ich verstehe dich. Wahrscheinlich haben dich solche Erfahrungen von Zwang im Namen der Religion davon abgeschreckt.«

»Das eigentliche Problem fing im Alter von fünfzehn, sechzehn Jahren an.«

»Also in der Pubertät.«

»In dem Alter will man ausgehen und Spaß haben, Freunde treffen. Ich fing an, ein Doppelleben zu führen. Um Ruhe vor meinen Eltern zu haben und Konflikte zu vermeiden, zeigte ich ihnen das, was sie sehen wollten. Ich zog mich an, wie sie wollten, trug aber ganz andere Kleidung darunter. Du kannst dir sicher vorstellen, wie sich Teenager anziehen. Sobald ich das Haus verlassen hatte und sicher war, dass sie mich nicht mehr sehen konnten, zog ich mich um. Und wenn ich mich am Wochenende mit meinen Freundinnen treffen wollte, erzählte ich meinen Eltern, wir würden gemeinsam lernen oder an einem Projekt für die Schule arbeiten, weshalb ich bei einer Freundin übernachten müsse. In Wirklichkeit waren wir in diversen Klubs unterwegs. Wir wollten alles ausprobieren: Alkohol, leichte Drogen, und irgendwann kamen die Jungs dazu. Das ging etwa eineinhalb Jahre so.«

»Und deine Eltern haben nichts bemerkt?«

»Doch, klar. Es war nur eine Frage der Zeit. Wahrscheinlich habe ich mich sogar selbst ungewollt verraten, weil ich vergessen hatte, was ich ihnen am Vortag erzählt hatte: ›Ich komme von Amelia.‹ ›Hattest du nicht gesagt, dass du bei Mayleen übernachtest?!‹ ›Ja, stimmt, aber Amelia war auch da.‹ Solche und ähnliche Fälle gab es immer öfter, weil ich irgendwann auch keine Lust mehr hatte, mir jedes Mal so viele Gedanken zu machen. Ich glaube, unbewusst wollte ich meine Eltern provozieren, damit sie merken, dass ich nicht das Leben führe, das sie von mir erwarten.«

»Aber konntest du nicht in Ruhe mit ihnen reden und ihnen alles erklären?«

»Unmöglich! Mein Vater ist sehr traditionell, er lässt nicht mit sich reden. Und meine Mutter … Sie wäre normalerweise etwas lockerer, aber sie hat Angst vor meinem Vater. Sie sagte mir immer wieder: ›Ich flehe dich an, mach dies und das so, wie dein Vater sagt, sonst bekomme ich Stress mit ihm. Jedes Mal, wenn ihm etwas nicht passt, heißt es dann: Du hast deine Tochter nicht gut erzogen, du kümmerst dich nicht um deine Tochter, was machst du den ganzen Tag? Du sollst deine Tochter disziplinieren!‹ Meine Mutter hat mir so immer wieder Schuldgefühle eingeredet. Das hat mich wahnsinnig belastet.«

»Und dann? Wie hast du diese Situation in den Griff bekommen?«

»Gar nicht. Irgendwann kam ich nach Hause, wir hatten vorher etwas geraucht, und das war kein Tabak. Meine Mutter sah mich an und war außer sich. Damals habe ich nicht verstanden, was los war, aber sie hat gesehen, dass meine Pupillen erweitert waren, und wusste sofort, dass ich etwas geraucht hatte. Sie war völlig überfordert und ging sofort heulend zu meinem Vater: ›Ich kann nicht mehr, rede du mit deiner Tochter. Sie nimmt Drogen!‹ Als ich diesen Satz gehört habe, bin ich zur Haustür hinaus – und abgehauen, bevor mein Vater mich womöglich umbrachte. Ich war dann einige Tage bei einer Freundin, bevor ich zu meinem damaligen Freund gezogen bin. Danach habe ich meinen Eltern einen Brief geschrieben, ich hielt den Druck einfach nicht mehr aus. Ich habe ihnen alles geschrieben, wirklich alles. Über mein Doppelleben und dass ich nichts von ihren Restriktionen halte. Meine neue Adresse in einem anderen Bundesland verriet ich ihnen nicht. Ich änderte auch meine Handynummer. Die Details erspare ich dir. Inzwischen sind 25 Jahre vergangen, und wir haben wieder einen guten, wenn auch nur oberflächlichen Kontakt.«

»Du hast sehr viel durchgemacht! Was machst du heute? Ich meine, beruflich?«

»Ich bin Anwältin und arbeite in einer Kanzlei.«

»Und warum bist du auf dem Jakobsweg?«

»Das hat nichts mit dem zu tun, was ich dir über meine Eltern erzählt habe. Freundinnen haben mir geraten, den Weg zu gehen, bevor ich mich privat neu orientiere. Mein Freund, besser gesagt, mein Ex-Freund, hat im Januar Schluss gemacht. Das hat mich schwer getroffen. Er hat mich wegen einer Jüngeren verlassen. Dabei ist er fünfzehn Jahre älter als ich. Ich bin in meinem Leben immer wieder an die falschen Männer geraten. Keine Ahnung, warum. Diese Reise soll mir helfen, mich selbst besser zu verstehen.«

»Dir fehlen nur noch etwa fünfzig Kilometer. Hat dir der bisherige Weg geholfen, zu dir selbst zu finden?«

»Ja, definitiv! Aber es war schwer. Es gab bisher keine Phase in meinem Leben, in der ich so intensiv bei mir war. Man erkennt Defizite oder Dinge, die man für selbstverständlich gehalten hat.

Und nach dem intensiven Nachdenken erkennt man, was alles im Leben nicht richtig gelaufen ist. Aber immerhin, wenn man das Problem erkennt, ist das schon mal die halbe Miete. Zum Beispiel mein Problem mit den Männern: Ich hatte bis jetzt immer nur ältere Partner. Einige waren sogar verheiratet. Ich wusste das zwar von Anfang an, habe es aber ignoriert, weil ich den Mann nicht verlieren wollte. Jetzt habe ich mich gefragt, wieso ich immer wieder an ältere Männer geraten bin. Die Antwort lag die ganze Zeit auf der Hand: Mein Vater war zwar immer physisch bei uns, aber nie wirklich emotional. So entstand ein emotionales Vakuum in meiner Seele. Ich war ein sensibles Kind, das viel Zuwendung, Geborgenheit und emotionale Wärme gebraucht hätte. Für meinen Vater gab es aber nichts als Restriktionen. Liebenswert war ich nur dann, wenn ich seinen Erwartungen entsprach, ansonsten wandte er sich ab. Heute weiß ich, dass es keine bedingungslose Liebe war, sondern eine Art Geschäft: Gibst du mir, gebe ich dir, gibst du mir nichts, bekommst du nichts. Meine Beziehungen sind also immer wieder gescheitert, weil ich sie aus einer Bedürftigkeit heraus eingegangen bin. Ich habe nach einem Ersatz für die Liebe gesucht, die mir gefehlt hat. Aber auch wenn ich Liebe und Geborgenheit bekommen habe, war ich nicht imstande, diese Liebe zu erwidern. Ich gab Liebe nur, um die Liebe des Mannes zu bekommen. Aber das kann nicht funktionieren. Einige Männer haben mir sogar Egoismus und Narzissmus vorgeworfen. Mag sein, aber ich halte nicht viel von solchen Verurteilungen. Ich wollte nie jemandem wehtun. Ich wollte mir lediglich etwas holen, wonach ich mich ein Leben lang gesehnt habe: Liebe und Geborgenheit.«

Ich war verblüfft, wie offen diese Dame mit mir über sich und ihre persönlichen Gedanken sprach. Wir kannten uns gerade mal seit ein paar Minuten. Diese erstaunliche Offenheit habe ich bei all meinen Gesprächspartnern auf dem Jakobsweg erlebt. Vielleicht ist gerade eine gewisse Anonymität hilfreich? Ich fragte kaum jemanden nach seinem Namen, und kaum jemand fragte mich. Man begegnet sich, spricht über alles Mögliche und Unmögliche und meint, man werde die Person ohnehin nie wieder sehen. Also kann ich erzählen, was immer ich erzählen möchte, ohne mir Gedanken darüber machen zu müssen, was die Person mit diesen Informationen machen wird. Ich fand diese Anonymität ausgesprochen hilfreich. So war es möglich, die Seelen der Menschen zu erreichen und tiefe Gespräche zu führen, die im Alltag kaum denkbar sind, wenn man sich nicht schon seit Jahren kennt.

Während die Dame erzählte, fiel mir ein, was mich am ersten Tag meines Pilgerwegs beschäftigt hatte: der Anspruch vieler Ratgeber der Persönlichkeitsentwicklung, dass Freude, Glück und vor allem Erfüllung nur von innen kämen. Aber was können wir dafür, wenn wir von außen, von den Eltern, Freunden, Mitschülern, Lehrern oder Erziehern gekränkt werden? Kränkung ist eine Verletzung unseres Selbstwertgefühls. Und ich verstehe vollkommen, dass man nicht mehr Herr seiner Gefühle ist, wenn man von der Außenwelt bestimmt wird. Man liefert sich der Außenwelt aus. Und je verletzlicher, je instabiler unser Selbstwertgefühl ist, desto größer ist unsere Verletzbarkeit.

Hier spielt für mich meine Beziehung zu Gott eine entscheidende Rolle, und deshalb bleibe ich dabei, dass jeder Mensch eine Großerzählung benötigt, die das Leben mit Sinn erfüllt. Wenn ich um meinen Wert als von Gott gewolltes, angenommenes und von Ewigkeit zu Ewigkeit geliebtes selbstbestimmtes Individuum weiß, dann kann ich mich selbst immer wieder unterstützen, dann kann mich niemand mehr entwerten, auch ich selbst nicht.

Ein wahrer Monotheist zu sein, bedeutet für mich, mich von Gott angenommen zu wissen und entsprechend zu handeln. Dazu gehört auch, sich auf Gott und nicht auf die Menschen zu verlassen. Und so kann man mit einer unglaublichen Kraft ins Leben gehen. Man ist auf niemanden angewiesen und von nichts abhängig. Wir Muslime bezeugen im islamischen Glaubensbekenntnis, dass es keine Abhängigkeiten geben darf, denn der Weg der Befreiung ist der Weg zu Gott. Mein Glaube an Gott oder, besser gesagt, meine Beziehung zu ihm, mein Vertrauen in ihn, lässt mich entspannt mit Schicksalsschlägen umgehen. An solchen herausfordernden Erfahrungen können wir im Leben wachsen, rückblickend sind sie sehr wertvoll. Verletzungen tun uns zwar weh, aber sie helfen uns, reifer zu werden. Sie gehören einfach zum Leben dazu. Das müssen wir akzeptieren. Sie sind Lernräume, ohne die wir auf der Strecke bleiben würden. Deshalb bin ich heute dankbar für alles, was mir passiert. Ich habe gelernt, mich nicht zu fragen, wie ich ein unangenehmes Gefühl loswerde, sondern: Was kann ich daraus lernen? Wie bereichert mich diese oder jene negative Erfahrung, die zu diesem Gefühl geführt hat? Und plötzlich erkennt man, dass man konstruktiv mit negativen Emotionen umgehen kann.

Aber zurück zu der Dame aus den USA. Ich fragte sie: »Dann hast du das Problem nun erkannt, oder? Wie willst du dir jetzt die fehlende Liebe und Geborgenheit von innen geben? Und wie soll das konkret funktionieren?«

»Ich muss lernen, mich selbst anzunehmen, wie ich bin. Das Zauberwort lautet: Selbstliebe. Es muss aber eine gesunde Form der Selbstliebe sein, keine egoistische, die anderen schadet.«

»Das hört sich gut an, ist aber nicht wirklich konkret. Darf ich mit dir ein Rollenspiel machen?«

Etwas zaghaft antwortete sie: »Klar.«

»Pass auf, ich bin der Liebesbedürftige, der in seiner Sozialisation zu wenig Liebe und Zuwendung bekommen hat, und du bist die Ratgeberin, okay?«

»Okay, ich bin die Ratgeberin. Du weißt aber schon, dass ich Anwältin bin und keine Expertin für Lebenshilfe! Ich kann also nicht garantieren, dass alles, was ich jetzt in dieser Rolle sagen werde, richtig ist.«

»Das ist kein Problem, wir denken nur gemeinsam laut.«

»Okay, aber alles ohne Gewähr.«

»Wir starten: Ich heiße Mouhanad, und ich habe in meinem Leben nur sehr wenig Liebe erfahren. Ich habe gehört, dass ich lernen muss, mich selbst zu lieben, mich selbst anzunehmen, mich selbst wertzuschätzen. Was muss ich konkret tun?«

»Zuerst, Mouhanad, muss dir bewusst werden, woher diese Liebesbedürftigkeit kommt.«

»Und wie erfahre ich das?«

»Solche mangelnden Liebeserfahrungen gehen meist auf unsere Kindheit zurück, auf die Beziehung zu unseren Eltern oder zu einem Elternteil. Wie war die Beziehung zu deinen Eltern?«

»Lass uns das Rollenspiel kurz ändern. Ich antworte jetzt, als wäre ich du. Das heißt, aus deiner Perspektive.«

»Okay, aber du weißt ja nicht viel über meine Beziehung zu meinen Eltern, außer das, was ich dir vorhin erzählt habe. Ich glaube nicht, dass das mit dem Rollenspiel funktionieren wird.«

»Mir reicht, was du mir über deinen Vater erzählt hast. Ich meine, darin ein Verhaltensmuster vieler Eltern zu erkennen.«

»Du scheinst aus eigener Erfahrung zu sprechen, Mouhanad.«

»Wer weiß … Zurück zum Spiel: Wir waren bei deiner Frage nach dem Verhältnis zu meinen Eltern stehen geblieben. Meine Beziehung zu meinem Vater war nicht wirklich schön.«

»Warum nicht? War er Alkoholiker? Oder war er gewalttätig?«

»Weder noch. Mein Vater hat mich und meine Geschwister nie geschlagen, aber er war emotional distanziert, regelrecht abwesend. Er hat sich nur für unsere Leistungen in der Schule interessiert, aber nicht für uns als Menschen. Ihm war es wichtig, was die anderen, vor allem in der Großfamilie, über ihn und seine Kinder dachten. Wir hatten uns entsprechend zu verhalten. Was wir als Menschen – als Kinder – wollten, war für ihn irrelevant. Ich kam mir wie eine Leistungsmaschine vor, wie ein Arbeiter in der Fabrik. Es gab klare Vorgaben, und nur wenn ich sie erfüllt habe, gab es eine kleine Portion Liebe als Belohnung.«

Plötzlich fing die Dame an zu weinen und bat mich, das Rollenspiel zu unterbrechen. Offensichtlich hatte ich sie sehr an ihre Kindheit erinnert und einen wunden Punkt getroffen.

»Das war bei uns wirklich so«, sagte sie schluchzend und wischte sich die Tränen aus dem Gesicht.

»Das kann ich mir gut vorstellen, das ist in vielen Familien so, in denen der soziale Aufstieg der Kinder von den Eltern als Hauptaufgabe gesehen wird. Alles im Leben wird nur darüber definiert.«

In dieser Sekunde wurde mir bewusst, dass ich wieder bei einer Großerzählung angekommen war, nämlich der von der Leistungserwartung. Ist es nicht so, dass diese Erwartung von vielen Menschen als übergeordnetes Ziel, als Orientierung für das Leben angesehen wird? Ich kenne das aus eigener Erfahrung. Gerade bei meinen Eltern, die als palästinensische Flüchtlinge in mehreren arabischen Ländern gelebt haben, bestimmte die Angst um die Zukunft der eigenen Kinder alle Entscheidungen und Einstellungen. Immer und immer wieder warnten meine Eltern uns Kinder davor, staatenlos zu sein. Meine Mutter predigte uns ständig: »Wir haben kein Land, kein Vermögen und keine Großfamilie, weil alle in der ganzen Welt verstreut sind. Euer einziges

Kapital sind ein guter Charakter und Bildung, Bildung, Bildung!« Ich habe versucht, dies zu beherzigen. Der Opferbereitschaft meiner Eltern habe ich es zu verdanken, dass ich heute an der Universität Münster Religionslehrerinnen und -lehrer sowie Imame ausbilde. Unser Zentrum für Islamische Theologie wird demnächst sogar die erste islamisch-theologische Fakultät Deutschlands und sogar Westeuropas sein. Inzwischen habe ich aber auch gelernt, bei all der vielen Arbeit nicht den Menschen Mouhanad aus dem Blick zu verlieren. Erfolg im Beruf darf auf keinen Fall zum Selbstzweck werden. Leider ist mir dieses Argument in der Diskussion mit dem niederländischen Rentner nicht eingefallen. Ohne eine Großerzählung, ohne einen übergeordneten Sinn im Leben drohen solche großen Ziele zum eigentlichen Sinn des Lebens zu werden. Aber auch ich werde irgendwann in Rente gehen – und dann? Dann in ein tiefes schwarzes Loch zu fallen, ist doch vorprogrammiert, oder?

Ich haderte noch immer mit diesen Gedanken: Wie sehr braucht jeder von uns eine Großerzählung in seinem Leben? Oder reicht es, immer wieder kleine Ziele und Schritte zu definieren und zu verfolgen? Wäre unser Leben dann erfüllter?

Voller Schrecken bemerkte ich, dass ich völlig in Gedanken versunken war, während die Dame aus den USA mich nachdenklich anschaute. Glücklicherweise weinte sie nicht mehr.

»Entschuldigung«, sagte ich, »ich war gerade abgelenkt. Wir sind bei der Frage stehen geblieben, wie man lernt, sich selbst anzunehmen und zu lieben.«

»Ratgeber empfehlen, sich täglich nach dem Aufstehen, zwischendurch und vor dem Schlafengehen im Spiegel anzuschauen und zu sagen: ›Ich liebe dich, du bist etwas ganz Besonderes, dich werde ich wie eine Königin oder einen König behandeln.‹«

Selbsterkenntnis oder der lange Weg, sich selbst zu lieben

»Und das hilft?«

»Ja, sicher. Die Art und Weise, wie wir mit uns selbst sprechen, hat großen Einfluss auf unser Selbstwertgefühl. Wenn man sich mehrmals am Tag sagt, dass man sich liebt und schätzt, fängt man irgendwann an, das auch wirklich zu fühlen, sich selbst so zu behandeln und sich in der Gesellschaft entsprechend zu verhalten.«

»Reicht da allein die Sprache? Muss das nicht in einen größeren Rahmen eingebettet sein?«

»Was meinst du mit einem größeren Rahmen?«

»Wenn ich mir selbst sage, dass ich mich liebe und wertschätze, muss dem nicht etwas Bestimmtes zugrunde liegen? Oder anders gefragt: Warum liebe und wertschätze ich mich? Ich glaube, wir sind uns einig, dass der Grund dafür nicht im Erreichen oder im Erfolg liegen kann. Aber was ist deiner Meinung nach die Antwort?«

»Ich verstehe deine Frage nicht ganz. Du suchst also nach einem Grund dafür, dich selbst zu lieben, stimmt das?«

»Ja, so kann man es formulieren.«

»Ich muss sagen, ich habe noch nie über diese Frage nachgedacht. Mir reicht es, mich anzunehmen, einen leichten Umgang mit mir selbst zu haben und mich zu lieben, so wie ich bin, ohne einen Grund dafür zu benennen. Ist es nicht so, dass Liebe kein Warum kennt? Die Frage ›Warum liebst du mich?‹, die manche ihrem Partner oder ihrer Partnerin stellen, ergibt keinen Sinn. Liebe ist bedingungslos, sonst ist es keine Liebe.«

»Diese Gedanken kann ich sehr gut nachvollziehen. Doch, wie gesagt, das alles klingt so einfach, aber die Umsetzung hat es in sich: Wie führt man eigentlich eine gesündere Beziehung mit sich selbst?«

»Die Umsetzung geschieht tagtäglich. Du hast recht, Mouhanad. Es reicht nicht, sich nur positive Sätze zu sagen. Man muss auch lernen, negative Sätze über sich selbst zu vermeiden und solche, die verhindern, sich selbst zu loben.«

»Welche zum Beispiel?«

»Man sagt uns ständig: ›Eigenlob stinkt‹ oder ›Nimm dich nicht so wichtig.‹ Das ist falsch. Man will uns damit sagen, wir sollen nicht egoistisch oder ignorant sein. Aber sich selbst zu loben, zu belohnen, wertzuschätzen, ist essenziell für den Aufbau einer gesunden Beziehung zu uns selbst.«

»In der Mystik heißt es, man solle das eigene Ich löschen und sein Leben selbstlos gestalten. Aber ich glaube, hier liegt ein Missverständnis vor. Die Sufis werden genau das gemeint haben, was du gerade gesagt hast: nicht egoistisch oder ignorant durchs Leben gehen, sondern empathisch. Es heißt: ›Es ist nichts dabei, das Leben zu besitzen, lass aber das Leben nicht dein Herz besitzen.‹«

»Weißt du, Mouhanad, das alles setzt Selbsterkenntnis voraus. Ohne Selbsterkenntnis wird man nicht in der Lage sein, eine gesunde Beziehung zu sich aufzubauen. Und übrigens, du hast recht, es reicht natürlich nicht, lediglich einen wertschätzenden Ton im Gespräch mit sich selbst zu wählen. Entscheidend ist auch, wie wir uns selbst behandeln.«

»Ich sage immer: Die goldene Regel ›Liebe deinen Nächsten wie dich selbst‹ setzt Selbstliebe voraus. Wie soll jemand, der nicht gelernt hat, sich selbst zu lieben, einen anderen lieben?«

»Ich würde das sogar umdrehen und es von der anderen Seite her betrachten: Gehe ich mit mir so um, wie ich mit jemandem umgehen würde, der etwas Besonderes für mich ist und den ich über alles liebe? Nehme ich mir genügend Zeit und Raum für mich, wie ich mir genug Zeit und Raum für denjenigen nehmen würde? Höre ich auch auf meine eigenen Bedürfnisse und setze Grenzen, um mich zu schützen? Frage ich mich regelmäßig, was mir guttut, wie ich dies bei dieser Person tun würde?«

Selbsterkenntnis oder der lange Weg, sich selbst zu lieben

Ich erzählte der Anwältin von meiner ersten Begegnung mit der Dame aus Australien, die allein unterwegs ist und dennoch nicht ganz allein, da sie sich selbst als ihren besten Begleiter auf dem Jakobsweg sah.

»Das erinnert mich an eine Psychologin, die stets den Tipp gibt, sich selbst zu daten und sich auf dieses Date gut vorzubereiten. Was möchte ich mir selbst erzählen, was ist mir wichtig im Leben, wie stelle ich mir meine Zukunft vor, was möchte ich im Leben erreichen, was erfüllt mich innerlich, was tut mir gut und was weniger?«

»Das ist immerhin eine konkrete Maßnahme der Selbstliebe. Ein Date mit sich selbst.«

»Es gibt auch weitere konkrete Maßnahmen.«

»Zum Beispiel?«

»Ich frage dich, Mouhanad: Stell dir vor, ich wäre eine gute Freundin von dir und komme eines Tages mit einem Problem zu dir, das zustande kam, weil ich Mist gebaut habe. Wie würdest du reagieren? Würdest du mir ein schlechtes Gewissen einreden oder mich tadeln?«

»Das sicher nicht, die Situation belastet dich ohnehin mehr als genug. Was bringt es, wenn ich dich noch mehr belaste? Das macht es nicht besser – im Gegenteil. Und du hättest nichts davon gehabt, mit mir darüber zu reden.«

»Aber es sieht leider meistens anders aus, wenn es um uns selbst geht. Wir neigen dazu, uns selbst zu tadeln und uns ein schlechtes Gewissen einzureden. Natürlich muss man sich mit den eigenen Verfehlungen konfrontieren, aber stets lösungsorientiert, also mit der Absicht, nach vorne zu schauen und das Beste daraus zu machen. Das würden wir bei unserem Gegenüber tun und umgekehrt auch von ihm erwarten. Wir wollen nicht getadelt werden. Wir wissen ja selbst, dass wir einen Fehler gemacht haben.«

»Ich ergänze meine geistige Liste der Selbstliebe um diesen Punkt: wohlwollend und lösungsorientiert mit sich umgehen und, wenn man Mist gebaut hat, auf keinen Fall zu hart mit sich ins Gericht gehen.«

»Genau. Und ich ergänze: nachsichtig, ruhig und liebevoll.«

»Hast du noch weitere Tipps auf Lager?«

»Ja, klar. Du kennst sicherlich den Grundsatz: Vermeide Sätze wie ›Das schaffe ich nicht‹; ›Das ist zu schwer für mich‹; ›Das werde ich sicher nicht hinbekommen‹; ›Das brauche ich nicht einmal zu probieren‹. Mit solchen Aussagen machen wir uns selbst nieder und versperren uns Wege und Türen, die uns eigentlich offen stehen. Das musste ich auch erst lernen, aber Mouhanad, wir reden die ganze Zeit, und die Sonne wird langsam unerträglich. Wollen wir uns nicht lieber auf den Weg machen und uns beim Gehen weiter unterhalten?«

Es blieb mir nun nichts anderes übrig, als ihr in einer Kurzversion meine Geschichte zu erzählen, warum ich im Grunde in die andere Richtung musste.

»Das ist aber echt schade, Mouhanad. Ich finde dich sehr sympathisch und wäre gerne mit dir bis Santiago de Compostela weitergegangen. Vielleicht überlegst du es dir ja noch. Hier ist auf jeden Fall meine Visitenkarte. Du kannst mich auch sehr gerne in den USA besuchen kommen.«

Aus Höflichkeit sagte ich ihr, dass ich mich sehr darauf freue, sie in den USA zu besuchen, aber eigentlich schreckte mich ihre in meinen Augen etwas aufdringliche Art ab. Ich verabschiedete mich von ihr und machte mich auf den Weg gen Palas de Rei.

Ein Satz der persisch-amerikanischen Dame machte mich nachdenklich: »Liebe braucht kein Warum.« Sie sagte dies im Zusammenhang mit meiner Frage nach dem Zweck der Selbstliebe. Ihre Aussage erinnerte mich an mein fiktives Gespräch mit dem Baum. Für den Baum gab es kein Warum seiner Existenz, diese sei ein Selbstzweck und nicht die Erfüllung einer bestimmten Funktion. Mit anderen Worten ist die Existenz Ausdruck von Liebe. Beide kennen kein Warum. Die Bewahrung der Existenz war für den Baum der große Sinn, die Großerzählung. Können wir nicht präzisieren und sagen, dass die Liebe, sei es die Selbstliebe oder die Liebe zur Existenz, eine uns Menschen einigende Großerzählung ist? Ist die bedingungslose Bejahung der Existenz der eigentliche Sinn unseres Daseins? Können wir mit anderen Worten sagen, dass Liebe den höchsten Sinn menschlichen Lebens darstellt? Liebe ist das Woraufhin der Existenz. Dass manche gläubigen Menschen Liebe mit Gott gleichsetzen, ist nicht der zentrale Punkt. Wichtig ist nur, dass diese Kategorie der Liebe als gemeinsamer Sinn existiert.

Hatte ich nun eine überzeugende Antwort auf meine Frage nach dem Sinn der Existenz gefunden? Ich war mir nicht sicher. Im Moment hatte ich nur Hunger.

Die Spiritualität des Wanderns

Kurz vor Palas de Rei entdeckte ich ein Fast-Food-Restaurant. Eine lange Schlange junger Menschen stand vor dem Tresen, alle wollten ihre Bestellung aufgeben. Man bekam einen Pager in die Hand gedrückt. Sobald er vibrierte, konnte man sein Essen abholen. Die Jugendlichen, alle im Alter zwischen sechzehn und achtzehn Jahren, sprachen aufgeregt durcheinander. Offensichtlich hatte ich eine Schulklasse aus den USA erwischt. Es gab keine freien Tische mehr, und so setzte ich mich zu einer Gruppe der jungen Amerikaner. Dies motivierte mich, den einen oder anderen Small Talk zu führen. Ich erfuhr, dass es sich tatsächlich um mehrere amerikanische Schulklassen handelte. Das war also an diesem Tag schon meine zweite Begegnung mit Pilgern aus den USA.

Warum pilgern junge Menschen im Schulalter auf dem Jakobsweg? Die wenigen Gespräche, die ich am Esstisch führen konnte, waren kaum aufschlussreich. Ich hatte den Eindruck, dass die Pilgerreise für sie eher eine Art exotischer Vergnügungstrip war, ohne jegliche religiöse oder spirituelle Dimension. Die ganze Zeit sprachen sie vom Wandern, nur ich hatte das Wort Pilgern benutzt. Die Jugendlichen erzählten mir, wie wichtig es für sie sei, die jeweilige Strecke zu Fuß zu schaffen. Jeden Tag nach dem Aufstehen würden sie gefragt, ob sie mit dem Bus zur nächsten Stadt fahren oder lieber zu Fuß gehen wollten. Nur diejenigen, die an dem einen oder anderen Tag etwas angeschlagen waren, entschieden sich für den Bus. Es war nicht zu übersehen, dass es gerade für die jungen Männer eine Frage der Ehre war, die geplante Strecke zu Fuß zu schaffen.

Bei unserer Unterhaltung sprachen die Schüler sehr abfällig über einen Mitschüler, der an dem Tag den Bus genommen hatte. Dies erinnerte mich stark an muslimische Schüler bei uns, die das Fasten im Ramadan zu einem Wettkampf in Sachen Männlichkeit machen. Wer nicht faste, so ihre Auffassung, sei kein richtiger Mann. Dadurch fühlen sich viele junge Männer unter Druck gesetzt, und ich bekomme in jedem Ramadan Anfragen ratsuchender Schulleitungen, weil fastende Schüler schwächeln oder sogar kollabieren. Aber es ist schwierig, diese Schüler davon zu überzeugen, dass das Fasten in solchen Fällen nicht mehr erlaubt ist, denn es geht ihnen oft gar nicht um eine spirituelle Erfahrung, sondern darum, ihre Männlichkeit unter Beweis zu stellen und damit zu prahlen.

Zurück zu den jungen Amerikanern. Ich versuchte, mit ihnen über ihre bisherigen Pilgererfahrungen zu reden. Sie berichteten von den schönen gemeinsamen Abenden, die sie in den Jugendherbergen miteinander erlebten. Trotz der Müdigkeit würden sie nachts viele Stunden damit verbringen, sich zu unterhalten, gemeinsam zu singen oder zu spielen. Ein Mann mittleren Alters, der uns die ganze Zeit vom Nebentisch aus beobachtet hatte, kam irgendwann zu uns. Er stellte sich als einer der begleitenden Lehrer vor. Ich versuchte, durch ein Gespräch mit ihm den Hintergrund der Pilgerreise der Schulklasse zu verstehen.

»Eigentlich haben die Schüler selbst entschieden, den Jakobsweg zu gehen.«

»Aber mir ist aufgefallen, dass sie nicht von Pilgern, sondern von Wandern sprechen.«

»Ja, Sie haben vollkommen recht. Ursprünglich hatte ich sie aufgefordert, nach einer Aufgabe zu suchen, die wir gemeinsam als Schulklasse bestreiten könnten. Sie recherchierten und kamen vor einem halben Jahr mit dem Vorschlag auf mich zu, zu Fuß den Jakobsweg nach Santiago de Compostela zu gehen. Hätte ich ihnen vorher von einem Pilgerweg erzählt, hätte ich sie niemals dafür begeistern können. Sie selbst sahen in diesem Vorhaben eine Herausforderung, die sie unbedingt bewältigen wollen. Sie sprachen tatsächlich nur von einem Wanderweg, aber das ist ja nicht weiter schlimm, oder?«

»Sagen wir so, ich hätte gedacht, dass die jungen Schüler sich vorab mit dem Pilgern auf dem Jakobsweg auseinandergesetzt hätten, um sich die religiöse Dimension des Pilgerns ins Bewusstsein zu rufen. Immerhin handelt es sich ja um ein religiöses Ritual. Ansonsten ist es doch nur eine Wanderung wie jede andere.«

»Aber auch Wandern kann eine spirituelle und sogar religiöse Erfahrung sein. Haben die Schüler Ihnen nicht von ihren Erfahrungen erzählt?«

»Doch, doch, aber das waren Erfahrungen jenseits von Religion. Sie berichteten, wie stolz sie sind, wenn es ihnen gelingt, den langen Weg von einer Stadt zur nächsten zu Fuß zu schaffen. Sie haben auch von dem großen Spaß erzählt, den sie abends als Gruppe in den Jugendherbergen haben.«

»Sehen Sie, sie machen also doch religiöse Erfahrungen.«

»Ich glaube, wir reden aneinander vorbei. Ich verstehe unter einer religiösen Erfahrung das Ausüben eines religiösen Rituals. Ich gebe Ihnen ein Beispiel, das mein Verständnis erklärt: Ich selbst bin Muslim. Im Islam pilgert man nach Mekka. Dort gibt es klar beschriebene religiöse Rituale, die jeder Pilger absolvieren muss, damit seine Pilgerreise gültig ist. Ich habe in den letzten Tagen mit vielen Menschen auf dem Jakobsweg geredet und festgestellt, dass es das hier nicht gibt. Alle gestalten ihre Pilgerreise individuell. Das verstehe ich, aber ich verstehe nicht, dass man von einer religiösen Erfahrung spricht, obwohl es bei der Selbstgestaltung des Pilgerweges keine religiösen Rituale gibt. Können Sie meine Irritation nachvollziehen?«

»Ich glaube, Ihnen unterläuft, wenn ich das so sagen darf, ein Denkfehler. Ich heiße übrigens Tom und bin religiös sehr interessiert.«

»Ich heiße Mouhanad und bin ebenfalls religiös sehr interessiert. Worin sehen Sie meinen Denkfehler? Wir können ganz offen reden.«

»Der Ausdruck Denkfehler ist mir gerade herausgerutscht, das war vielleicht etwas überzogen. Aber sagen wir so: Sie definieren religiöse Erfahrungen sehr eng. Warum muss man ein religiöses Ritual zelebrieren, um von einer religiösen Erfahrung sprechen zu können? Ist nicht jede menschliche Erfahrung oder jede Erfahrung, die uns reicher, reifer, erfüllter oder nachdenklicher macht, eine religiöse Erfahrung? Gott ist doch nicht nur in religiösen Ritualen anzutreffen. Er berührt unsere Herzen in verschiedenen Situationen unseres Lebens. Wenn die Schüler abends zusammenkommen und lernen, ihre gemeinsame Zeit zu gestalten, ist das doch sehr schön. Sie eignen sich dadurch soziale Kompetenzen an, die für ihre soziale Reife sehr wichtig sind. Das ist doch im Sinne Gottes, also sind es religiöse Erfahrungen. Wenn die Schüler sich jeden Tag hoch motiviert und zielstrebig vornehmen, etwa zwanzig bis 25 Kilometer zu Fuß zu gehen, und entschlossen sind, diese Herausforderung zu bewältigen, dann lernen sie nicht nur Disziplin, sondern auch, dass das Leben aus vielen kleinen Etappen besteht. Man freut sich jedes Mal, wenn eine Etappe erreicht ist, dann geht es zur nächsten Etappe und so weiter. Sie lernen auf dieser Reise, sich jeden Tag etwas Neues vorzunehmen, das außerhalb ihrer Komfortzone liegt. Sie können sich nicht vorstellen, wie die Schüler sich fühlen, wenn sie es dann am Ende des Tages geschafft haben. Ein unbeschreibliches Glücksgefühl.«

»Doch, das kann ich mir sehr gut vorstellen. Und sie nehmen solche Erfahrungen mit ins Leben. Das stärkt ihr Selbstbewusstsein und macht ihnen Mut, sich auch schwierigen Aufgaben und Herausforderungen im Leben zu stellen.«

»Ich weiß nicht, ob die Schüler Ihnen auch erzählt haben, dass jeder, mich übrigens eingeschlossen, eine Art Tagebuch führt, in dem er Abend für Abend auf den vergangenen Tag zurückblickt und vor allem die schwierigen Etappen und Situationen des Tages beschreibt, die er gemeistert hat. Darüber hinaus soll jeder drei schöne Dinge notieren, die ihm gelungen, begegnet oder passiert sind. Und so machen sich die Schüler bewusst, was sie schon alles geschafft haben. Es wird ihnen Raum dafür gegeben, bewusst zurückzuschauen und die eigenen Erfolge zu verinnerlichen, statt wie so oft im Leben nur zu denken: ›Ich könnte doch schon so viel weiter sein.‹ Wenn man sich auf das fokussiert, was noch zu erledigen ist, beraubt man sich der Chance, die eigenen Erfolge wahrzunehmen. Man hängt immer wieder an den Defiziten, also an dem, was noch offen, was noch zu erledigen ist. Die Schüler sollen aber lernen, den Moment zu leben und das Beste daraus zu machen.«

»Und dennoch planen die Schüler jeden Abend gemeinsam die Route für den nächsten Tag.«

»Ja, das ist auch wichtig. Ziele müssen gesetzt werden. Möglichst klar definierte und realistische Ziele. Das ist auch für eine sinnvolle Planung des Lebens von großer Bedeutung. Und es müssen nicht immer die großen Herausforderungen sein, denen wir uns stellen. Es reicht, wenn die Jugendlichen lernen, kleine sinnvolle Aktivitäten ganz bewusst einzuplanen. Das können sogar einfache Dinge sein, wie ein Rezept zu kochen, ein Musikstück zu lernen oder ein Buch zu lesen.«

Das mit den einzelnen Etappen erinnerte mich sofort an die Frage, auf die ich noch immer keine überzeugende Antwort gefunden hatte: Reicht es uns, kleine Ziele im Leben zu definieren, oder brauchen wir eine Großerzählung, die all diesen Zielen Sinn gibt? Warum nicht diese Gedanken bei dem amerikanischen Lehrer ansprechen? Mal sehen, was er dazu sagen würde.

»Ich sehe es auch so, dass das Leben aus vielen Etappen besteht, die wir eine nach der anderen erreichen sollten. Ich frage mich dennoch: Was machen wir, wenn es keine Etappen mehr gibt? Was machen zum Beispiel diese Schüler, wenn sie eines Tages in Pension gehen und nicht mehr arbeiten? Was ist dann die nächste Etappe, wer definiert sie?«

»Jeder definiert seine nächste Etappe selbst. Und wenn jemand in Pension geht, muss er oder sie für sich schauen, was die nächste Etappe sein soll. Diese muss ja nicht ausschließlich über den Beruf definiert werden.«

»Aber was ist dann die Quelle, aus der wir die Motivation beziehen, unsere nächste Etappe festzulegen?«

»Gute Frage ... Hmmm.« Der Lehrer schaute eine halbe Minute lang ins Leere, bevor er sagte: »Ich denke, der Mensch ist so ein Überlebenskünstler, dass ihm ständig etwas Neues einfallen wird – die nächste Etappe, das nächste Ziel im Leben.«

»Und welche Rolle kann Glaube dabei spielen?«

»Das hängt davon ab, wie man Glaube definiert. Wenn man ihn eng definiert, im Sinne der Befolgung religiöser Vorgaben, wird der Glaube seinen Lebensbezug verlieren. Wenn er aber so aufgefasst wird, dass es darum geht, an sich selbst zu glauben, um im Dienste Gottes, also im Dienste des Guten, zu agieren, dann wird ein gelebter Glaube sicherlich helfen, sich immer wieder neue Ziele im Leben zu suchen. Ich würde sagen: Glaube hilft uns, sich Ziele jenseits von Leistung und Beruf zu setzen. Das muss ja nicht immer mit Ertrag verbunden sein: ›Wenn ich nichts zurückbekomme, war das ein falsch gestecktes Ziel.‹ Glaube will uns von dem Gedanken befreien, immer zu erwarten: ›Was habe ich davon? Was bekomme ich dafür?‹, um uns eine neue Perspektive zu eröffnen: ›Was möchte ich geben? Womit möchte ich meine Mitmenschen und meine Welt bereichern?‹«

»Sie würden also sagen, der Wille zum Überleben ist die Hauptquelle unserer Motivation, immer wieder neue Ziele, neue zu erreichende Etappen im Leben zu definieren.«

»Ja, das kann man so sagen.«

»Ich suche nach der Großerzählung, nach dem großen Sinn, der all unsere Ziele im Leben bündelt.«

»Unser Überlebenswille könnte eventuell so eine übergeordnete Kategorie sein.«

»Wobei das sehr biologisch-evolutionär klingt und das Risiko birgt, dass darunter missverstanden wird: Nur der Stärkere überlebt.«

»Dann müsste man ›Überleben‹ nicht im individuellen Sinne verstehen, sondern als das, was wir in einer religiösen Sprache ›Bewahrung der Schöpfung‹ nennen.« Und Tom fügte hinzu: »Mouhanad, das war eine schöne, wenn auch für mich etwas zu philosophische Unterhaltung, die ich gerne fortführen würde. Aber wir müssen langsam aufbrechen, es warten noch einige Kilometer auf uns. Über den einen oder anderen Punkt unseres Gesprächs werde ich sicherlich noch viel nachdenken.«

»Ich danke dir. Tom, mir geht es genauso. Ich habe aus unserem Gespräch vieles für weitere Überlegungen mitgenommen und wünsche dir und deinen tollen Schülern weiterhin einen erfolgreichen Wanderweg.«

Tom erwiderte lachend: »Du meinst Pilgerweg.«

»Ja, klar, Pilgerweg, und das meine ich jetzt ernst und keinesfalls ironisch. Ich sehe ein, dass jede menschlich bereichernde Erfahrung auf diesem Weg ihn zu einem besonderen Pilgerweg macht.«

»Danke, Mouhanad!«

Die Begegnung mit Tom war eine der sympathischsten auf meinem Pilgerweg. Faszinierend, wie er im rein profanen Handeln der Schüler – ob es nun um deren Bestreben ging, die täglichen Kilometer zu Fuß zu schaffen, oder um ihr abendliches Zusammenkommen – eine religiöse Erfahrung sehen konnte, die das Wandern auf dem Jakobsweg zu einer Pilgererfahrung macht.

Ich beschloss, die restlichen Kilometer bis nach Palas de Rei möglichst ohne weitere Gespräche zu absolvieren. Es hatte in den letzten drei Tagen so viele und intensive Begegnungen gegeben. Ich musste sie erst einmal sortieren und verarbeiten. Mich erstaunte vor allem der Konsens darüber, sich auf die kleinen Ziele oder Etappen im Leben zu konzentrieren und jeder dieser Etappen einen eigenen Sinn zu verleihen.

Allerdings wollte ich jetzt nicht mehr darüber nachdenken und einfach nur den Weg gehen. Ich nahm meine Gebetskette aus dem Rucksack, ging die einzelnen Perlen durch und sprach bei jeder Perle ein Gebet.

Mich faszinierten die vielen großen Bäume auf der Strecke. Am Waldausgang stand eine ältere Dame vor ihrem kleinen Truck und verkaufte Erdbeeren und Kirschen. Ich kaufte ihr je eine Schale ab und setzte mich auf den Boden, angelehnt an einen

Baum, um meinen müden Beinen und Schultern eine Pause zu gönnen. Die Dame musste mindestens siebzig Jahre alt sein, ihr Gesicht war vom langen Stehen in der Sonne von tiefen Falten durchzogen. Sie sah sehr angestrengt aus.

Es war einer der Momente, in denen mir bewusst wurde, wie gut es mir geht und wie viel Armut und Leid es in dieser Welt gibt. Als ich vor etwa vier Jahren auf einer Konferenz in Kairo war, ging ich am Spätnachmittag alleine in die Innenstadt, ich wollte am Leben der Menschen dort teilnehmen. Der Anblick eines älteren Herrn ließ mich nicht los, der auf dem Bürgersteig saß. Vor ihm lagen mehrere Packungen Taschentücher und Räucherstäbchen, die er zum Verkauf anbot. Er selbst las die ganze Zeit in einem Koran. Ich ging zu ihm und fragte, was eine Packung Taschentücher und eine Packung Räucherstäbchen kosten würden. »Je zwei Pfund, mein Sohn.« Das waren damals etwa zehn Cent. Etwa fünfzig Päckchen Taschentücher und um die vierzig Packungen Räucherstäbchen waren es insgesamt. Ich fragte ihn: »Was schulde ich Ihnen, wenn ich alle Packungen kaufe?« Ungläubig fragte er zurück: »Du meinst alle Packungen, die hier liegen?« »Ja, alle diese Packungen.« »Das sind etwa hundert Packungen, mein Sohn, sie kosten zweihundert Pfund. Möchtest du sie etwa alle haben?« »Ja, ich kaufe dir alle ab.« »Es reicht, wenn du mir hundert Pfund gibst.« Ich gab ihm fünfhundert Pfund. Das waren gerade mal fünfundzwanzig Euro, aber für ihn war dieser Betrag wohl unerschwinglich hoch: »So viel verdiene ich, wenn es gut läuft, im ganzen Monat, mein Sohn. Das ist viel zu viel!« Er war zu Tränen gerührt.

Der Anblick der alten spanischen Dame erinnerte mich sehr an den ägyptischen Mann. Auch sein Gesicht war sehr faltig und trocken von der vielen Sonne gewesen. Leider hatte ich jetzt nicht genug Bargeld dabei, um ihr ebenfalls einen sehr viel höheren Betrag zu geben. Ich ging zu ihr und gab ihr zehn Euro mehr als den eigentlichen Kaufpreis. Plötzlich strahlte ihr trauriges Gesicht, und sie sprach lange auf Spanisch auf mich ein. Ich verstand kein einziges Wort, wahrscheinlich bedankte sie sich herzlich.

Für mich als Theologe, der den ganzen Arbeitstag von Gott und seiner Barmherzigkeit spricht und Bücher darüber schreibt, sind solche Erfahrungen, selbst Hand der Liebe zu sein, sehr wichtig. Ich würde eine Sinnkrise in mir auslösen, nur über edle Dinge zu erzählen und zu schreiben, ohne sie selbst in meinem Alltagsleben zu realisieren. Was nützt die Rede von der Liebe und Barmherzigkeit Gottes, wenn es lediglich beim Reden bleibt? Der amerikanische Lehrer von vorhin hatte vollkommen recht: Jede konstruktive Geste ist Gottesdienst und eine religiöse Erfahrung, wenn man Religion nicht eng fasst.

Droht dann aber Religion nicht, mit Ethik gleichgesetzt zu werden? Ich vertrete die These, dass Religion mehr als Ethik ist. Religion ist nicht da, um uns zu sagen, was gut oder schlecht ist. Vielmehr liefert sie ein Motiv zum ethischen Handeln, ein Motiv, das außerhalb unserer erfahrbaren Welt liegt. Es heißt, wer in Gottes Gegenwart gelangen will, soll Gutes tun. Man lernt als religiöser Mensch, das Gute um des Guten willen zu verrichten. Es geht um eine Haltung der Liebe, in der man lernt, bedingungslos für seine Mitmenschen, ja sogar für die gesamte Schöpfung da zu sein. Nur so gelangt man in Gottes ewige Gegenwart, denn er ist die ewige und absolute Liebe, die von religiösen Menschen angestrebt wird. Gerade in unserer durch Leistung geprägten Gesellschaft ist dieser Beitrag der Religionen enorm wichtig. Sie rufen uns ins Bewusstsein, dass die Beziehung zu uns selbst wie auch zu unseren Mitmenschen nicht von Nützlichkeiten und Funktionen bestimmt werden darf, sondern von Liebe. Religion erinnert den Menschen andererseits an seine Bestimmung,

Hand der Liebe Gottes hier in der Welt zu sein. Dadurch ist sie sinngebend. Ich merke, dass es mir deshalb leichtfällt, von einer Großerzählung als dem großen Sinn des Lebens zu sprechen, weil ich ihn für mich in meiner Religiosität gefunden habe, so wie ich den Islam verstehe: jenseits einer Gesetzesreligion, als Religion der Liebe aus Liebe und für die Liebe.

Nicht alle Muslime würden dieses Verständnis des Islams mit mir teilen. Auch wenn meine bisherigen Gesprächspartner nicht unbedingt von einem übergeordneten Sinn sprachen, der alle Ziele im Leben bündelt, haben alle etwas mit meiner Großerzählung gemeinsam: Allen ging es letztendlich um die Bewahrung der Existenz als Selbstzweck. Ich würde von Liebe sprechen. Doch das ist nur ein anderer Ausdruck für die Haltung, die Existenz bedingungslos bewahren zu wollen. Mein fiktives Gespräch mit dem Baum brachte es auf den Punkt: »Freiheit findet ihren Ausdruck in der Bejahung der Existenz.« Daher ist Pilgern als Ausdruck eines Willens zur Existenz auch eine Erfahrung der Freiheit. Und der amerikanische Lehrer verglich den Menschen mit einem Überlebenskünstler, der in der Lage ist, stets neue Ziele für sich zu definieren. Ja, kaum einer meiner Gesprächspartner verfolgte einen übergeordneten Sinn, aber die meisten von ihnen sprachen von der Bejahung der Existenz und somit von dem Willen, immer wieder neue Ziele zu definieren. Das Leben scheint nur dann sinnlos zu sein, wenn man den Glauben an dieses übergeordnete Ziel aufgibt, das ich jetzt möglichst neutral definieren möchte: Aufrechterhaltung der Existenz, der eigenen und der fremden. Solange man an diese Aufrechterhaltung der Existenz glaubt, wird man in der Lage sein, immer und immer wieder ein neues Ziel, eine neue Etappe zu definieren. Langsam überzeugte mich meine Überlegung zum Sinn des Lebens. Jedes Mal, wenn ich mit dem Nachdenken aufhören wollte, ging es in meinem

Kopf weiter. Zum Glück lenkten mich die starken Schmerzen in den Beinen und in den Schultern ab.

Endlich im Hotel in Palas de Rei angekommen, legte ich mich sofort total erschöpft ins Bett. Noch am nächsten Morgen hatte ich trotz etwa acht Stunden Schlaf starke Schmerzen im ganzen Körper. Ich weiß nicht, warum, aber je mehr ich auf dieser Reise schlief, desto mehr Schmerzen empfand ich am nächsten Tag.

Bei der Pilgerfahrt in Mekka war ich nicht mal einen Bruchteil der Strecke wie auf dem Jakobsweg gegangen, und ich hatte während der islamischen Pilgerfahrt kaum geschlafen. Sie dauert aber auch gerade mal vier Tage vor Ort. In Mekka hat man ein anderes Problem: Man verbringt diese vier Tage auf engstem Raum mit etwa zwei Millionen Menschen, die von überall aus der Welt kommen. Jedes Mal, wenn ich von dort zurückkam, hatte ich eine starke Grippe, die mich ein bis zwei Wochen ans Bett fesselte. Manche Pilger aus armen Ländern wie Indien oder Bangladesch konnten weder im Hotel noch in überdachten Zimmern schlafen, sondern mussten auf den Straßen Mekkas übernachten, wo die hygienischen Bedingungen suboptimal sind. Da sie sich aber sonst die Pilgerreise nicht hätten leisten können, sparten sie, wo es nur ging. Jedes Pilgerziel, jeder Pilgerweg scheint seine eigenen Herausforderungen zu haben.

Mekka oder der Jakobsweg?

Obwohl ich noch zwei Tage vor mir hatte, war ich fast am Ende meiner Kräfte, sowohl körperlich wie mental. Zumindest einen Tag Auszeit hätte ich mir gewünscht. Aber jetzt musste ich da durch. Diese zwei Tage würde ich sicherlich auch noch schaffen. Ich musste nur schauen, dass ich mich nicht mehr in allzu viele Gespräche verwickeln ließ, um mit der Zeit und meinen geistigen Kräften besser haushalten zu können.

Ich glaube, ich hatte noch nie so viele und so intensive Selbstgespräche geführt wie in den letzten beiden Tagen. Dadurch kam ich mir selbst ziemlich nah. Das hört sich vielleicht etwas kurios an, aber ich denke, ich habe in mir einen neuen Freund, einen neuen Wegbegleiter gefunden. Schade, dass dies bei meinen Pilgerfahrten nach Mekka nicht der Fall gewesen war.

Unterwegs auf meiner vorletzten Etappe nach dem etwa 25 Kilometer entfernten Portomarin beschäftigte mich eine Frage besonders: Wo würde ich nach meinen bisherigen Pilgererfahrungen in Mekka und auf dem Jakobsweg gerne noch einmal pilgern? Und welche der beiden Pilgerreisen hat mich mehr angesprochen – und warum? Ich beschloss, im Geiste eine Liste zu machen: rechts eine Spalte für Mekka und links eine für den Jakobsweg. Was spricht für den jeweiligen Pilgerweg?

Meine ersten Gedanken wurden durch eine interessante Begegnung unterbrochen. Diesmal war es ein Mann mittleren Alters, der von sich aus auf mich zukam, als ich gerade in einen großen roten Apfel biss, den ich vom Frühstücksbüfett des Hotels mitgenommen hatte. Er kommentierte ungefragt: »Das ist aber gesund. Ein Apfel am Vormittag ist sehr gesund. Auf jeden Fall gesünder als Süßigkeiten.«

Ich erwiderte etwas provokant: »Hätte ich ein Stück Schokolade, hätte ich es längst vernascht. Ich habe eine Riesenschwäche für Süßigkeiten.«

Nach einem Kurzvortrag, in dem er mich belehrte, wie schädlich Industriezucker für den menschlichen Körper ist, offenbarte er mir, warum er sich auf dem Jakobsweg befand: »Ich bin jetzt seit 26 Tagen auf dem Jakobsweg, mir fehlen noch vier Tage der Enthaltsamkeit. Und das passt wunderbar zum Thema Zucker: Ich strebe ein neues Leben mit neuen Vorsätzen an: Verzicht auf industriellen Zucker; Verzicht auf Zigaretten; Verzicht auf Alkohol; Verzicht auf Sex; Umstellung meiner ganzen Ernährung auf vegane Speisen; Umstellung meiner Schlafgewohnheiten.«

Zugegeben, von Anfang an wirkte der Mann unsympathisch auf mich, und ich hatte Mühe, freundlich zu erscheinen. Trotzdem fragte ich neugierig nach: »Und was hat es mit den dreißig Tagen Enthaltsamkeit auf sich?«

»Mein Persönlichkeitscoach hat angeordnet, dreißig Tage lang neue Gewohnheiten zu trainieren, vor allem solche, die mit Verzicht zu tun haben. Danach werden sie zu Routinen. Das Gehirn soll dreißig Tage benötigen, um sich umzuprogrammieren.«

»Und wo ist der Zusammenhang mit dem Jakobsweg?«

»Das ist auch eine Empfehlung meines Coaches. Um sich neue Gewohnheiten anzutrainieren, muss man zuerst die Umgebung wechseln. Beim Wandern auf dem Jakobsweg ist man

Mekka oder der Jakobsweg?

mit der Bewältigung großer und anstrengender Strecken beschäftigt. Das lenkt ab, und man denkt nicht mehr an Zucker und Zigaretten – optimal, um das Gehirn effektiv umzuprogrammieren.«

Bevor der Mann mir einen weiteren Vortrag halten konnte, verabschiedete ich mich. Ich weiß nicht, ob das mit den dreißig Tagen zum Umprogrammieren unseres Gehirns stimmt, ich erinnerte mich nur an den Ramadan, den Fastenmonat von uns Muslimen, der je nach Feststellung des Neumondes entweder 29 oder dreißig Tage dauert. Muslimische Gelehrte appellieren an die Fastenden, vor Beginn des Ramadans klare Vorsätze zu fassen, die vor allem den religiösen und ethischen Bereich betreffen. Wer zum Beispiel nicht regelmäßig fünfmal am Tag betet, soll sich dies für den Ramadan vornehmen. Wer Alkohol trinkt, soll im Ramadan darauf verzichten. Zu den Vorsätzen im ethischen Bereich zählen vor allem: keine üble Nachrede mehr betreiben; anderen, auch Menschen, mit denen man im Streit ist, nur Gutes wünschen; Neid, Hass, Arroganz, Ignoranz ablegen und vieles mehr. Daher heißt es im islamischen Kontext, der Ramadan sei der Monat der Selbstläuterung. Dem Propheten Mohammed wird die Aussage zugeschrieben, man solle anstreben, dass das Herz am Ende des Ramadans so rein wird wie am Tag der Geburt. Diese Dreißig-Tage-Regel scheint etwas an sich zu haben. Symbolisch schlägt man eine neue Seite im Leben auf, in der die besten Charaktereigenschaften sowie die besten Verhaltensmuster in Erscheinung treten.

Apropos symbolisch: Es gibt einen anderen Spruch, den der Prophet Mohammed gesagt haben soll: »Im Ramadan werden die Teufel angekettet.« Viele nehmen diese Aussage wortwörtlich und glauben, dass der Teufel während des Fastenmonats die Menschen nicht in dem Ausmaß in Versuchung führen kann wie zu anderen Zeiten. Einige Gelehrte beschränken dies auf die »starken« Teufel. Nur diese seien angekettet. Andere meinen, dass die Teufel die Menschen während des Ramadans weniger in Versuchung führen und es daher so sei, als wären sie angekettet. Das Anketten der Teufel könne daher als Metapher dafür verstanden werden, dass sie unfähig sind, die Menschen zu verführen und ihnen ihre Begierden attraktiv erscheinen zu lassen. Ein bekannter zeitgenössischer Gelehrter namens Ibn Uthaymin kommentiert dies wie folgt: »Diese Aussage des Propheten Mohammed spricht über Angelegenheiten des Verborgenen, also müssen wir ihn akzeptieren und nicht weiter darüber diskutieren oder nachdenken. Dann ist man auf der sicheren Seite.«

Solche Auslegungen des Islams entbinden den Menschen von der Verantwortung nicht nur für sein eigenes Handeln, sondern auch für die Entwicklung seines Charakters. Schlechte Charaktereigenschaften werden an einen Dritten delegiert, nach dem Motto: »Der Teufel ist schuld, ich kann nichts dafür, und wenn Gott den Teufel im Ramadan ankettet, dann kann ich ein besserer Mensch werden.« Der Mensch ist dadurch nicht mehr Herr im eigenen Haus, er ist nicht mehr der Schreiber seiner eigenen Geschichte, andere tun dies für ihn. Der Mensch gibt das Ruder aus der Hand.

Die wichtigste Beobachtung, die ich auf dem Jakobsweg gemacht habe, ist das bewusste Streben der Pilger, das Ruder der eigenen Geschichte, des eigenen Lebens, ja des eigenen Schicksals in die Hand zu nehmen und das Wohin der Weiterreise selbst zu bestimmen. Alle auf ihre Art. Der Jakobsweg ist eine Reise nach innen, eine Reise in die Vergangenheit der eigenen Biografie mit dem Ziel, die Zukunft neu zu schreiben. Alle meine Gesprächspartnerinnen und Gesprächspartner auf dem Jakobsweg einte dieser Wille, sich neu zu erfinden. Und alle glaubten an eine schönere Zukunft, sonst wären sie nicht hierhergekommen. Kaum jemand konnte in Worte fassen, was der große übergeordnete Sinn oder, wie ich es nenne, die Großerzählung des eigenen Lebens ist, aber alle verfolgten ihn dennoch: Sie bejahten ihre eigene Existenz. Dieses große Ja zum Leben eint sie. Deshalb sind sie hier auf dem Jakobsweg. Nicht, um festzustellen, ob sie weitergehen wollen, dies haben sie längst bejaht, sondern um das Ja zum Leben (neu) zu gestalten.

Die Dame aus Australien, der ich am ersten Tag begegnet bin, war siebzig Jahre alt. Sie beklagte, dass es mit den insgesamt sechzehn Personen bei ihnen zu Hause immer laut sei. Sie fühlte, von sich selbst entfernt zu sein, und entschied sich deshalb für diese Pilgerreise auf dem Jakobsweg. Es war ihre Art, Ja zu einem noch erfüllteren Leben zu sagen, nach dem sie auf der Suche war – und das mit siebzig. Ihr wurde während des Pilgerweges bewusst, wie einsam sie die ganze Zeit inmitten ihrer Großfamilie gewesen war. Sie hatte nie wirklich zu sich selbst gefunden, weil sie sich ständig um ihre Kinder und Enkelkinder gekümmert hatte. Nun, auf dem Jakobsweg, war sie mit ihrer besten Begleiterin, sich selbst, unterwegs – alleine, aber keineswegs einsam. Es klingt im ersten Augenblick etwas paradox, aber sie erzählte mir, dass sie, je älter sie und je bewusster ihr die Endlichkeit des Lebens geworden sei, umso mehr Ja zum Leben sagte, indem sie sich selbst näherkam und sich auf die wesentlichen Dinge im Leben wie Familie und innere Ausgeglichenheit konzentrierte.

Der sechzigjährige Mann aus Italien pilgerte nicht auf dem Jakobsweg, weil es ihm um ein religiöses Ritual ging, sondern weil er darin eine schöne Gelegenheit sah, die Vergangenheit Revue passieren zu lassen. Es sei sein Geburtstagsgeschenk an sich selbst. Das war seine persönliche Art, Ja zu sich selbst, Ja zu seinem Leben zu sagen.

Anne und Corinna kannten sich seit einer gefühlten Ewigkeit, sie wollten sich auf dem Jakobsweg jenseits des Alltags einfach mal die Zeit nehmen, um zu reden, zu lachen und gemeinsam schöne Momente zu erleben. Sie waren auf dem Jakobsweg, um erneut Ja zu ihrer Freundschaft zu sagen.

Der alte Mann von den Philippinen hatte mich durch seine Geschichte unglaublich berührt. Er war auf dem Jakobsweg, um dem Schicksal zu danken, obwohl er bei jenem schrecklichen Unfall seine geliebte Frau, mit der er vierzig Jahre verheiratet gewesen war, verloren hatte und selbst fünf Jahre lang gelähmt gewesen war und nun nur mit Schwierigkeiten gehen konnte. Sein Dank war seine Art, Ja zu seinem Schicksal zu sagen. Er akzeptierte es und machte das Beste daraus. Und er bedankte sich von Herzen für all die schönen Momente, die er im Leben verbringen durfte. Für ihn war es ein Danke an Gott. Zugleich war er im Geiste in Begleitung seiner Frau auf dem Jakobsweg unterwegs. Seine Pilgerreise war auch eine Art Liebeserklärung an sie. Mich faszinierte seine Fähigkeit, noch in den Trümmern seines Lebens etwas Schönes zu sehen. Psychologen würden sagen, der Mann habe die besonders ausgeprägte Fähigkeit, seine Seele vor schwierigen Lebenssituationen zu schützen. Das Immunsystem seiner Seele funktioniert einwandfrei. Und darin liegt sein Geheimnis. Er hat gelernt, Schicksalsschläge zu akzeptieren und dass das Leben Veränderung bedeutet. Krisen gehören einfach dazu. Und wie Tom, der amerikanische Lehrer, meinte: In jedem von uns steckt die Fähigkeit, Krisen zu bewältigen. Sie will nur entdeckt und genutzt werden.

Mein fiktives Gespräch mit dem Baum war für mich entscheidend, um zu verstehen, dass allein die Bejahung der Existenz an sich als Selbstzweck den übergeordneten Sinn, die Großerzählung dieser Existenz entscheidend trägt. Wir alle, Menschen, Tiere und Pflanzen, die gesamte Existenz, haben auch dann das

Mekka oder der Jakobsweg?

Recht zu existieren, wenn wir keine Funktion erfüllen. Gerade die Frage nach der Funktion einer Existenz ist Teil des Problems und nicht der Lösung. Wenn die Bestimmung der Existenz die ist, sich selbst zu bewahren, dann sind wir Menschen nur dann frei, wenn wir unser Leben im Dienste der Bejahung und Bewahrung der Existenz, unserer eigenen als Mensch und die der anderen, konzipieren, gestalten und entsprechend leben.

Als religiöser Mensch möchte ich es so ausdrücken: Gott wollte nicht ohne uns, er wollte nicht ohne seine Schöpfung. Die Bewahrung dieser Schöpfung entspricht daher der Intention Gottes. Jegliche Form der Zerstörung dieser Schöpfung ist ein Nein zur Existenz, ist ein Verstoß gegen die Bestimmung, Bewahrer der Existenz zu sein. Sie ist daher ein Nein zu Gott selbst. Und so verstehe ich die koranische Aussage, die auch im Talmud anzutreffen ist: »Wenn jemand einen Menschen tötet, so ist es, als hätte er die ganze Menschheit getötet; und wenn jemand einem Menschen das Leben schenkt, so ist es, als hätte er der ganzen Menschheit das Leben geschenkt.« (Koran 5:32) Es geht um eine grundsätzliche Haltung der Bejahung von Existenz, unabhängig von einer Quantifizierung.

Daher ist Glaube viel mehr als nur ein Fürwahrhalten der Existenz eines Gottes. Wer meint zu glauben, seinen Glauben aber auf ein Fürwahrhalten reduziert, der ist zwar von der Existenz Gottes überzeugt, aber das ist noch lange nicht der Inbegriff vom Glauben als Geschehen der Liebe. Glaube will bezeugt werden, erst dann ist er vollzogen, erst dann ist er überhaupt Glaube. Die Rede von der Liebe soll Gott nicht ausklammern, denn Gott ist die Manifestation dieser Liebe.

Für Menschen, die von der Existenz Gottes ausgehen und ihren Glauben als Geschehen der Liebe verstehen, stellt Gott ihren Bezugspunkt dar. Gott ist der Bezugspunkt des Liebesgeschehens. Indem diese Menschen Ja zu Gott sagen, öffnen sie sich seiner absoluten und unendlichen Liebe und verstehen ihren Glauben als göttlichen Auftrag, Hand der Liebe zu sein und somit Hand der Bewahrung der eigenen sowie der fremden Existenz. Für diese Menschen hat das Liebesgeschehen zwei Dimensionen: eine vertikale, die sich unmittelbar auf Gott, und eine horizontale, die sich auf das Zwischenmenschliche bezieht. Spiritualität ist für sie die Entfaltung beider Dimensionen. Daher ist das Zwiegespräch mit Gott – ob im Gebet oder außerhalb –, das Vertrauen in Gott, die Demut vor Gott, das Ergriffensein von Gottes Liebe und Zusage für sie ebenso ein Ausdruck ihrer Liebe zu Gott wie ihr Einsatz im gelebten Leben, wenn es darum geht, Menschen Freude und Glück zu vermitteln, ihr Leid zu lindern, der Schöpfung gegenüber verantwortungsvoll zu handeln oder bedingungslos für die Mitmenschen da zu sein und ihr Recht auf Selbstbestimmung zu bejahen.

Der Mann aus den Niederlanden, der nach seiner Pensionierung nach neuen Zielen in seinem Leben suchte, hatte es auf den Punkt gebracht, als er anmerkte, dass er in seinem Leben so stark auf die Arbeit fokussiert gewesen sei, dass er es verlernt habe, sich andere Ziele zu setzen. Hatte er während seiner Berufstätigkeit Sport getrieben oder war er in den Urlaub gefahren, dann nur mit der Motivation, effizienter arbeiten zu können. Die Arbeit hatte ihm eine klare Perspektive im Leben gegeben, auf die alles ausgerichtet war. Das funktionierte bis zu seiner Pensionierung. Nun aber musste er lernen, dass es ein Leben jenseits des Berufs gab. Er musste lernen, sich selbst ernster zu nehmen, musste begreifen, dass er keine Produktionsmaschine, sondern eine als Selbstzweck gedachte Existenz war. Mir half er dabei einzusehen, dass eigentlich jede Lebensstation unserem Leben Sinn verleiht. Ein Fokussieren auf einen großen Sinn läuft Gefahr, die kleinen

Mekka oder der Jakobsweg?

Erfolge und Schritte im Leben zu unterschätzen und aus dem Blick zu verlieren, statt diese zu würdigen und zu feiern.

Für die iranisch-amerikanische Dame war der Jakobsweg eine Art Auszeit der Selbstfindung, nachdem ihr Freund sie verlassen hatte. Wie sie mir sagte, war ihre Pilgererfahrung auf dem Jakobsweg die bisher intensivste Phase in ihrem Leben, in der sie ganz bei sich war. Sie ermöglichte es ihr, sich selbst kritisch zu reflektieren, um Dinge hinterfragen zu können, die ihr bisher selbstverständlich erschienen waren. Ihr Pilgerweg diente dem Rückblick auf verschiedene Stationen in ihrem Leben mit der Absicht, die Zukunft sinnvoller zu gestalten. Ihr Fazit lautete: ohne Selbsterkenntnis keine Selbstliebe und Selbstannahme. Und auch keine Perspektive auf ein erfülltes Leben. Fehlende Selbstliebe hat die Konsequenz, nach Annahme und Anerkennung in der Außenwelt zu suchen. Verstrickungen in gefährliche emotionale wie materielle Abhängigkeiten sind dann vorprogrammiert. Einen gesunden Zugang zu sich zu haben, ist der erste Schritt auf dem Weg zur Bejahung der Existenz.

Durch die Begegnung mit den amerikanischen Schülern wurde mir bewusst, wie wichtig es ist, kleine Etappen und Erfolge im Leben zu feiern. Man darf die kleinen Schritte im Leben nicht unterschätzen, gerade sie sind wichtige, wenn nicht sogar die wichtigsten Lernorte, die uns Kraft und Hoffnung schenken, weiterzumachen und uns immer wieder neue, wenn auch kleine Ziele zu setzen. Die eigene und die fremde Existenz zu bejahen, beschränkt sich keineswegs auf eine biologische Dimension, sondern und vor allem auf eine geistige und emotionale. Und so kann in jeder noch so kleinen Handlung oder Geste eine sinnerfüllende Etappe im Leben gesehen werden, auch wenn es lediglich darum geht, jemanden freundlich anzulächeln, einen Freund zu besuchen oder einen guten Gedanken zu entwickeln. Und wer für einen Leidenden betet, der hat auch die Existenz bejaht und somit seinem eigenen Leben Sinn verliehen.

Für den Weg nach Protomarin nahm ich mir vor, diesmal wirklich mit niemandem mehr zu sprechen und meine ursprüngliche Überlegung fortzusetzen und irgendwann zu Papier zu bringen: Was spricht für eine Pilgerfahrt nach Mekka und was für eine Pilgerfahrt auf dem Jakobsweg? Ich kann meine bisherigen Gedanken in einem Satz zusammenfassen: Bei der islamischen Wallfahrt sind Mekka selbst und die Rituale, die man dort vollzieht, das Ziel. Auf dem Jakobsweg ist der Weg das Ziel, der Weg nach Santiago de Compostela – ob es nun die hundert Kilometer von Sarria aus sind oder der beliebte und lange Weg von Saint-Jean-Pied-de-Port in Frankreich mit etwa 750 Kilometern.

Das T-Shirt mit dem Schriftzug: »Der Weg ist das Ziel«, das ich am Vortag meiner Pilgerreise gekauft und die meiste Zeit getragen hatte, brachte es auf den Punkt. Anfangs hatte ich mir keine Gedanken über den Slogan gemacht, aber jetzt wusste ich, was das Schicksal mir die ganze Zeit über sagen wollte. »Der Weg ist das Ziel« hört sich sehr plakativ an, aber wenn ich an meine bisherigen Begegnungen auf dem Jakobsweg dachte, vor allem an meine Begegnung mit mir selbst und mit der lauten Stille, dann konnte ich viel damit anfangen. Hier hatte ich mich selbst neu kennengelernt, hatte Seiten an mir entdeckt, die ich vorher so nicht gekannt hatte. Ich hatte mich noch nie so intensiv mit der Frage nach dem Sinn des Lebens, nach einem erfüllten Leben auseinandergesetzt wie auf dieser Reise. Mit jeder Etappe war ich mir selbst ein Stück nähergekommen, ich war mir noch nie so nah wie in diesen Tagen. Ich hatte das Gefühl, zum ersten Mal in meinem Leben bei mir selbst angekommen zu sein. »Der Weg ist das Ziel«, ich selbst, mein Leben, meine Existenz sind der Weg und das Ziel zugleich.

Mekka oder der Jakobsweg?

Aber wie sieht es mit Mekka aus? Was habe ich dort bei der Pilgerfahrt erlebt? Ich kann definitiv sagen: In Mekka bin ich Gott viel nähergekommen. Ich erinnere mich an die vielen intensiven Gespräche mit Gott. Als ich beim Multazam war, tat ich, was dort alle taten. Ich legte beide Hände auf die Kaaba und meine Brust und meine rechte Wange auf den Multazam, der sehr stark nach Moschus roch. Noch heute kann ich mich gut an das Gefühl der Demut und der Geborgenheit erinnern, das mich damals erfüllte. In diesem Moment kam es mir vor, als würde ich direkt vor Gott stehen und mit ihm reden. Die Zeit blieb stehen, ein spirituelles Tor zum Himmel öffnete sich. Ich war so überwältigt, dass ich nicht mehr denken konnte. Schnell und unsortiert verließen die Worte, die ich an Gott richtete, meine Lippen. Was ich in diesen wenigen Minuten gesagt habe? Ich kann mich kaum noch daran erinnern. Weniger mein Kopf, mein Herz war es, das gesprochen hat. Es pulsierte mit meinen flehenden Worten, dass ich dachte, man könne meine Gebete laut durch mein Herz hindurch hören. Meinen Körper nahm ich kaum noch wahr, ich bestand nur noch aus Geist. Für einige Minuten war ich in einer anderen Welt, einer geisterfüllten Welt, aus der ich am liebsten nie mehr zurückgekehrt wäre.

Bei der islamischen Pilgerfahrt ist Gott selbst der Weg. In Mekka habe ich kaum Gespräche mit mir selbst geführt, auch nicht mit anderen, denn alle sind die meiste Zeit mit ihren Gebeten beschäftigt. Diese intensiven Gespräche mit Gott habe ich auf dem Jakobsweg stark vermisst. Ja, ich habe mich hier mit mir selbst und den Erzählungen und Schicksalen meiner Gesprächspartner auseinandergesetzt, aber selten mit Gott. Meine Gebetskette konnte mir dabei kaum helfen, da ich selten dazu kam, sie in die Hand zu nehmen.

Ein Muslim auf dem Jakobsweg

Auf dem Jakobsweg bin ich mir selbst nähergekommen, in Mekka Gott. Heute würde ich sagen, in Mekka habe ich mich selbst vermisst, auf dem Jakobsweg habe ich die innigen Gespräche mit Gott vermisst. Auf dem Jakobsweg droht die Wallfahrt sich in eine Art psychologische Therapiewanderung zu verwandeln. In Mekka kann sie zu einer ritualisierten, aber auch rein spirituellen Reise werden. Können nicht beide Aspekte irgendwie zusammenkommen? Ist die Nähe zu Gott die eine Sache und die Nähe zu sich selbst die andere, oder sind beide nicht zwei Seiten derselben Medaille, wie schon die griechischen und später die muslimischen Philosophen mit der Aussage »Gotteserkenntnis beginnt mit der Selbsterkenntnis« behaupteten? Sind die Entfaltung des Inneren des Menschen und die Entfaltung seiner Spiritualität Gegensätze? Können nicht beide zusammengedacht werden?

Reisen nach innen –
Reisen zu Gott

Ich nahm mir vor, die letzten Kilometer bis zum Hotel damit zu verbringen, statt mit pilgernden Menschen nur mit Gott zu reden. Anfangs nahm ich meine Gebetskette in die Hand und fing auf traditionelle Weise an, Lobpreisungen zu wiederholen. Schnell fiel mir die Anmerkung einer Mystikerin aus dem 14. Jahrhundert ein: »Wir müssen Gott für die Art, wie wir ihn um Vergebung bitten, um Vergebung bitten.« Sie kritisierte, dass man unter Vergebung versteht, mehrere Male hintereinander zu wiederholen: »Gott, vergib mir, Gott, vergib mir, Gott, vergib mir!« Und sie gab zu bedenken: »Stellt euch vor, jemand würde Geld stehlen und zu dem Bestohlenen gehen und hundertmal herunterrattern: ›Vergib mir!‹ Niemand hat etwas davon. Der Bestohlene möchte lieber sein Geld zurückhaben. Gott um Vergebung zu bitten, bedeutet, so zu handeln, dass das Gute, was immer es sein mag, wiederhergestellt und das verursachte Schlechte, was immer es sein mag, beseitigt wird. Die verbale Wiederholung von Vergebungsbitten soll nur der erste Schritt sein, um sich eine neue Haltung der notwendigen Veränderung ins Bewusstsein zu rufen.«

Da die Bewahrung der Existenz dem Willen Gottes entspricht, gleicht jede Form einer materiellen, geistigen, emotionalen, intellektuellen oder verbalen Zerstörung auch einer Zerstörung der Beziehung zu Gott. Dass zum Beispiel das Töten eines Tieres oder einer Pflanze während der Pilgerfahrt nach Mekka diese ungültig macht, dass Gott sie also nicht annehmen würde, steht symbolisch für die Zerstörung der Beziehung des Pilgers zu Gott.

Diese Gedanken halfen mir, den Unterschied zwischen den Pilgerwegen nach Mekka und auf dem Jakobsweg zu präzisieren. Auf dem Jakobsweg hatte ich die einmalige Gelegenheit, mir selbst näherzukommen und eine intensive Zeit mit mir zu verbringen. Ich tat dies allerdings zumeist aus einem profanen Motiv heraus. Gerade als Muslim, der sich auf einem christlichen Pilgerweg befand, hatte ich die Reise nach innen weniger als religiöse Erfahrung wahrgenommen. Mir fiel aber auf, dass ich damit nicht allein war. Viele meiner Gesprächspartner hatten für ihre Reise auf dem Jakobsweg ebenfalls keine spezifisch religiöse Motivation. Tom, der amerikanische Lehrer, löste aber einen anderen Denkprozess bei mir aus: Mag sein, dass wir solche Reisen nach innen, in denen wir uns mit unserer Vergangenheit, mit unseren Erinnerungen, mit unserer Gegenwart, aber auch mit unserer Hoffnung auf eine gelungene Zukunft konfrontieren, nicht als religiös einstufen, weil wir nicht gerade von Gott sprechen. Aber sind solche Erfahrungen nicht dennoch religiös, weil sie uns uns selbst näherbringen? Und sind sie nicht auch religiös, weil sie uns helfen, die eigene Existenz nicht nur zu bejahen, sondern erfüllter zu gestalten?

Im Hotel angekommen, suchte ich nur noch nach dem Bett, um endlich in den Schlaf zu fliehen. Mein Kopf rauchte, die vielen Gedanken überforderten mich. Hinzu kam, dass ich mich offenbar erkältet hatte und körperlich stark angeschlagen war. Ich musste aber unbedingt die letzte Etappe nach Sarria schaffen.

Mir fehlten am letzten Tag nur noch etwa 23 Kilometer, danach würde ich den Bus zurück nach Santiago de Compostela nehmen, um mit dem Flieger über Madrid zurück nach Deutschland zu fliegen.

Die letzten Kilometer nach Sarria waren die bislang anstrengendsten für mich. Die Temperaturen stiegen immer mehr, und die Sonne war besonders intensiv. Außerdem wurde meine Erkältung leider immer schlimmer. Meine Gelenke schmerzten, ich hatte Schwierigkeiten, tief einzuatmen. Aber ich wollte so kurz vor dem Ziel nicht abbrechen. Ich hasste dieses Gefühl, etwas nicht schaffen zu können. Das würde einer bitteren Niederlage gleichkommen. Mein Motto für den letzten Tag lautete deshalb: Jetzt erst recht!

Am letzten Tag

Auf dem Weg nach Sarria ließen mich meine Überlegungen vom Vortag nicht los. Ja, man kann im Sinne von Tom jede menschliche Erfahrung, die uns reicher, reifer und erfüllter macht, als religiös bezeichnen, auch mit dem Argument, Selbsterkenntnis sei der Weg zu Gotteserkenntnis. Dennoch empfand ich einen Unterschied dabei, ob ich mich auf dem Jakobsweg mit mir auseinandersetze, um mir selbst näherzukommen, oder ob ich dies in dem Bewusstsein tue, dadurch Gott näherzukommen. Und zwar mit dem Argument: Je mehr es mir gelingt, mich zu verstehen, umso besser kann ich mich von egoistischen oder anderen zerstörerischen Motiven befreien, und umso besser kann ich als Hand der Liebe Gottes leben. Aber das eine schließt das andere nicht aus. Ich würde es so formulieren: Ohne sich selbst näherzukommen, kann man Gott nicht näherkommen. Gott näherkommen zu wollen als Motiv für die Auseinandersetzung mit sich selbst, verleiht diesem Prozess wiederum eine weitere spirituelle Dimension. Das Leben ist dann nicht nur auf das Hier und Jetzt ausgerichtet, sondern zusätzlich auf Gott.

Vielleicht kann man von zwei Arten religiöser Erfahrungen sprechen: von Erfahrungen, die deshalb religiös sind, weil sie direkt oder indirekt zur Bejahung der Existenz beitragen, wozu Selbsterkenntnis und Selbstannahme gehören. Und von Erfahrungen, die zusätzlich die Suche nach der Nähe Gottes als

Motiv für die Bejahung der Existenz haben. Letztere schließen Erstere nicht aus, sie gehen nur einen Schritt darüber hinaus und verleihen den Ersteren einen übergeordneten spirituellen Sinn.

Aber kann ich dieses religiöse Motiv nicht auch auf den Jakobsweg mitnehmen? Was spricht dagegen, dass der Jakobsweg ein religiöser Weg nach dem Verständnis religiöser Erfahrung ist? Oder anders gesagt: Was spricht dagegen, dass der Jakobsweg für mich als Muslim einen Weg zu Gott darstellt? Wer bestimmt, welcher Weg ein Weg zu Gott ist?

Ich ärgerte mich über mich, dass ich erst jetzt, kurz vor Sarria, auf diesen Gedanken kam. Denn ich hatte es in den letzten Tagen völlig versäumt, meine Pilgerreise auf dem Jakobsweg als Weg zu Gott wahrzunehmen. Ich hatte ihn höchstens als Weg zur Selbsterkenntnis beschritten. Mein Motiv war meine Neugierde, eine christliche Wallfahrt zu absolvieren, aber nicht das Streben nach der Nähe Gottes. In Mekka war es umgekehrt: Das Streben nach Gottesnähe war hier jedes Mal mein Motiv, aber nicht die Suche nach mir selbst. Ich fühlte mich motivierter als je zuvor, erneut nach Mekka zu pilgern, aber diesmal mit dem Bewusstsein, beides in meinem geistigen Koffer mitnehmen zu wollen: die Suche nach Gottesnähe und die Suche nach der Nähe zu mir selbst.

Und vielleicht könnte ich ja die eine oder andere Person nichtmuslimischen Glaubens dafür begeistern mitzukommen, aber nicht, um meinen Fehler zu wiederholen: Die Person soll nicht lediglich aus Neugierde nach Mekka pilgern, nach dem Motto: Mal sehen, was die Muslime in ihrer Pilgerfahrt so machen, sondern aus der Überzeugung heraus, dass es eine Pilgerreise wie jede christliche ist, nur mit strukturierten Ritualen. Ich würde aber auch gerne bald wieder die Wallfahrt auf dem Jakobsweg machen, diesmal aber unter anderen Vorzeichen: als Reise zu mir und zu Gott zugleich. Vielleicht gelingt es mir auch hier, eine muslimische Gruppe dafür zu gewinnen, die im Jakobsweg eine auch im Sinne des Islams religiöse Pilgerreise als Weg zu Gott sieht.

Ich bin heute überzeugt, wir sollten das Pilgern nicht so stark an Wegen und Orten festmachen. Wenn Pilgern ein Weg zu sich und zu Gott ist, dann ist es eine Haltung derjenigen, die aufgehört haben, sich selbst als unveränderlich zu sehen. Wir sind keine Statuen, sondern lebendige Wesen. Wesen, die wachsen, lernen und sich entwickeln können – ein Leben lang. Wir sind ständig unterwegs, solange wir nach der jeweils nächsten Etappe, nach dem nächsten Ziel im Leben suchen. Wer aufhört zu pilgern, der hat aufgehört, zu wachsen und sich weiterzuentwickeln.

Die kleinen täglichen Etappen auf dem Jakobsweg von jeweils zwanzig bis 25 Kilometern gleichen den kleinen Etappen im Leben. Jeder Etappe folgt eine nächste, solange wir uns ein Ziel setzen. Die Ankunft eines Pilgers auf dem Jakobsweg beim Grab des heiligen Jakobus ist daher nur als symbolische Ankunft aufzufassen, der Weg geht weiter und weiter. Die islamische Pilgerfahrt nach Mekka endet übrigens damit, dass alle Pilger, bevor sie Mekka verlassen, die Kaaba erneut siebenmal umrunden. Ein Kreis hat keinen Anfang und kein Ende. Das abschließende Umkreisen der Kaaba kann daher als Symbol für den Menschen aufgefasst werden, der sich im lebenslangen Prozess des Wandelns befindet. Ziel dieses Prozesses ist stets die Selbsterkenntnis.

Für religiöse Menschen kommt womöglich neben diesem horizontalen ein vertikales Ziel hinzu: die Nähe zu Gott. Heute würde ich daher sagen: Meine umgekehrte Pilgerroute auf dem Jakobsweg von Santiago de Compostela nach Sarria war keine verkehrte Route, ob ich das nächste Mal nach Mekka oder auf dem Jakobsweg pilgern werde, ist zweitrangig. Entscheidend ist, was sich auf dem jeweiligen Weg tut und was sich dadurch in uns bewegt. Diesen Gedanken nehme ich mit als jemand, der den

Islam nicht immer entsprechend dem Mainstream versteht und oft gegen den Strom schwimmt. Auch hier ist nicht die Richtung des Wegs entscheidend, sondern dessen Inhalt und Sinn.

Als ich in Sarria ankam, eilte ich zur Busstation, um mit dem Bus nach Santiago de Compostela zu fahren. Dort ging ich in die Kathedrale, um das Grab des heiligen Jakobus zu besuchen. Mit allem hatte ich gerechnet, aber nicht damit, dass jemand mich dort mit meinem Namen rief: »Mouhanad, Mouhanad, bist du es?« Ich drehte mich um. Es war die iranisch-amerikanische Dame, die ich drei Tage zuvor kennengelernt hatte. Sie fragte erstaunt: »Was machst du hier? Du warst doch auf dem Weg zurück! Hast du den Weg verloren?« In diesem Moment dachte ich, es gibt eigentlich keinen richtigen oder falschen Weg. Jede Reise, die nach innen geht, ist eine Pilgerreise. Diese kann, ja sollte sogar in den Alltag eingebaut werden.

Irritiert antwortete ich: »Es ist alles in Ordnung, ich habe den Weg nicht verloren, ich bin richtig hier.«

Sie kommentierte meine Aussage nicht, stattdessen präsentierte sie mir ganz stolz ihren neuen Freund, einen jungen Mann aus Südamerika, den sie auf dem Jakobsweg kennengelernt hatte. Sie offenbarte ihr eigentliches Motiv: »Meine Freundinnen hatten doch recht, man kann sich auf dem Jakobsweg sehr gut verkuppeln lassen.«

»Dann wünsche ich euch ein glückliches gemeinsames Leben.«

Beide sahen ernsthaft verliebt aus. Ich verabschiedete mich von ihnen und ging weiter zum Grab des heiligen Jakobus, das sich eine Etage tiefer befand. Die Menschen gingen schnell daran vorbei, nur einige blieben kurz stehen, um ein Foto zu machen. Das Grab selbst schien für sie nicht wirklich interessant zu sein. Es gilt also auch, wenn man am Ziel angekommen ist: Der Weg bleibt interessanter, er bleibt weiterhin das Ziel.

Auch das Scheitern gehört dazu

Im Flugzeug von Madrid nach Düsseldorf saß eine ältere Frau neben mir, die vom ersten Moment an das Gespräch mit mir suchte. Dabei gehöre ich eigentlich zu den Menschen, die sich im Flugzeug direkt die Kopfhörer in die Ohren stecken, um Konversationen mit den Sitznachbarn zu vermeiden. Ich liebe es, während des Flugs aus dem Fenster zu schauen und ganz entspannt in die Weite zu blicken. Und diesmal hatte ich klammheimlich gehofft, die laute Stille würde sich erneut melden und mich mit weiteren Gedanken herausfordern. Aber daraus wurde nichts. Noch bevor sich das Flugzeug in Bewegung setzte, erzählte mir die Dame, wie frustriert sie sei, weil sie die Strecke von Sarria nach Santiago de Compostela nicht zu Fuß zurückgelegt hatte. Gerade mal die Hälfte habe sie geschafft, den Rest habe sie mit dem Bus fahren müssen.

»Darf ich fragen, wie alt Sie sind?«

»Ich bin 82.«

»Aber das ist doch vollkommen in Ordnung, wenn Sie mit 82 die Hälfte der Strecke geschafft haben. Ich wäre froh, überhaupt achtzig zu werden und dann noch gehen zu können.«

»Ach, Sie sind noch so jung. Ich kenne aber viele, die auch mit 85 die gesamte Strecke noch zu Fuß schaffen. Eine Bekannte von mir war voriges Jahr sogar mit 87 auf dem Jakobsweg. Aber ich konnte nach der Hälfte der Strecke nicht mehr. Meine Beine haben nicht mehr mitgemacht.«

»Und warum wollten Sie auf dem Jakobsweg pilgern?«

»Ich war schon ein paarmal hier. Zuletzt vor neun Jahren. Dies war nicht mein erstes Mal.«

»Was bewegt Sie, hierherzukommen und zu pilgern?«

»Das tat mir jedes Mal gut. Früher erzählte man uns, wenn wir pilgern und die ganze Strecke zu Fuß schaffen, würden uns all unsere Sünden vergeben. Heute denkt man anders, ich inzwischen auch.«

Ich musste innerlich schmunzeln. Die meisten Pilger nach Mekka würden Ähnliches sagen: »Wir erhoffen uns die Vergebung all unserer Sünden.«

Die Dame fuhr fort: »Ich vermisse die alten Zeiten, als ich hier entweder alleine oder mit einigen Bekannten gepilgert bin. Diese Erinnerungen wollte ich noch einmal aufleben lassen, aber der liebe Gott scheint andere Wege mit mir gehen zu wollen. Vielleicht bin ich bald bei ihm.«

»Sie reden ja sehr entspannt über den Tod. Haben Sie keine Angst vor der Ungewissheit, was nach dem Tod passieren wird?«

»Ach, der liebe Gott meint es doch gut mit uns. Es wird schon alles gut sein.«

»Und dennoch ärgern Sie sich über die abgebrochene Pilgerreise.«

»Ich wäre so gerne wie früher den Weg zu Ende gegangen. Aber wenn man alt geworden ist, dann ist es so, wie es ist, ich muss es akzeptieren und nach vorne schauen.«

»Was meinen Sie konkret mit ›nach vorne‹?«

»In meinem Alter und in meinem gesundheitlich angeschlagenen Zustand ist ›vorne‹ das andere Leben nach dem Tod.«

»Sie glauben an ein Leben nach dem Tod?«

»Aber sicher, der Tod ist nur der Ruf zu Gott. Es geht ja heim ins Vaterhaus, wo es Kummer, Leid und Sorgen nicht geben wird.«

Ich lächelte die Dame an: »Das finde ich sehr ergreifend, im Tod eine Rückkehr ins ›Vaterhaus‹ zu sehen. Also doch kein Grund, sich zu ärgern, dass man alt geworden ist?«

»Ach, es geht immer weiter ... Ich hätte nur gerne den Weg zum letzten Mal zu Fuß geschafft, aber wie gesagt, wenn der liebe Gott meint, es ist genug, dann ist es genug. Ich mache dann Platz für andere.«

Tom hatte also vollkommen recht gehabt, der Mensch ist ein Überlebenskünstler. Die Dame sah sogar in ihrem Scheitern, den Weg zu Fuß zu bewältigen, eine Perspektive für ein neues erfülltes Leben, auch wenn dies an einem anderen Ort, ja in einer völlig neuen Existenz stattfinden würde. Sie sah im eigenen Tod sogar eine Art der Bejahung anderer Existenz, indem sie ›Platz für andere‹ macht. Was für ein überwältigender Gedanke! Durch diese Begegnung hatte ich etwas Neues über das Pilgern gelernt: Der Weg geht auch dann nach vorne, wenn wir die eine oder andere Etappe nicht erreichen. Nach vorne bedeutet nicht zwangsläufig noch mehr Erfolg, noch mehr Ertrag, noch mehr Leistung, noch mehr Bewältigung von Herausforderungen. Nach vorne bedeutet vielmehr, in der Lage zu sein, jedem auch noch so kleinen Schritt in unserem Leben, aber auch unseren Misserfolgen einen unsere Existenz bejahenden Sinn zu geben.

Scheitern ist ein wichtiger Lernort. Egal, was uns widerfahren mag, wir sind es, die eine Antwort auf die Fragen geben können: Was mag darin sinnvoll für mich gewesen sein? Wir sind es, die der Sache den Sinn zuschreiben. Wir entscheiden dabei, welche Emotionen wir entwickeln. Und Emotionen sind eine Kraft, die anzieht. Positive Emotionen ziehen Positives an und umgekehrt. Wir sind niemals Opfer der äußeren Umstände, sondern sehen die Welt durch den Filter unseres Bewusstseins. Wir sehen sie nie so, wie sie wirklich ist, sondern so, wie wir sind. Wenn wir also andere Ergebnisse in unserem Leben haben wollen, wenn wir die Welt anders sehen wollen, dann müssen wir die Perspektive ändern, durch die wir alles sehen und bewerten. Dankbar für jede Erfahrung zu sein, ist der effizienteste Weg dazu. Der Schlüssel zu einem erfüllten Leben liegt in unserer Hand.

Die Großerzählung des Lebens, nach der ich während meiner Pilgerfahrt gesucht habe, besteht für mich in der Bejahung, Behütung und Förderung der eigenen und fremden Existenz. Bei unserer Reise in dieser Welt geht es nicht darum, unbedingt ein übergeordnetes Ziel zu erreichen. Es geht vielmehr darum, dass wir unsere Wege, unsere Handlungen, unsere Entscheidungen, unsere Ziele auf dieser Reise immer wieder kritisch hinterfragen, ob sie im Sinne der Bewahrung der Existenz sind. Es ist die ständige Aufgabe eines jeden von uns, den kleinen Schritten sowie den größeren Abschnitten des eigenen Lebens einen entsprechenden Sinn zu verleihen. Ob dies auf dem Weg nach Mekka, auf dem Jakobsweg oder in den eigenen vier Wänden geschieht, ist zweitrangig. Entscheidend ist, dass wir Pilger bleiben.

Dank

Für die mühevolle Arbeit des Korrekturlesens danke ich von ganzem Herzen meinem Lektor, Herrn Dr. German Neundorfer vom Verlag Herder, sowie der Lektorin Frau Anja Jefremow und Frau Hildegard Mangels-Heine. Nur durch ihre professionelle Arbeit sowie durch ihr gewissenhaftes Korrekturlesen des Manuskripts und ihre große Unterstützung konnte dieses Buch in dieser Form erscheinen.

Ich bin dem Verlag Herder, der mir ermöglicht hat, auch dieses Buch in seinem Hause zu veröffentlichen, sehr dankbar.

Münster, 14. Mai 2024